互联网金融风险与监管研究

陈 美／著

吉林出版集团股份有限公司
全国百佳图书出版单位

图书在版编目（CIP）数据

互联网金融风险与监管研究 / 陈美著. -- 长春：
吉林出版集团股份有限公司, 2021.3
ISBN 978-7-5731-0002-3

Ⅰ.①互… Ⅱ.①陈… Ⅲ.①互联网络—应用—金融
风险—风险管理—研究—中国②互联网络—应用—金融监
管—研究—中国 Ⅳ.①F832.29

中国版本图书馆CIP数据核字(2021)第149549号

HULIANWANG JINRONG FENGXIAN YU JIANGUAN YANJIU
互联网金融风险与监管研究

著　者	陈　美	责任编辑	刘晓敏	
出版策划	孙　昶	封面设计	雅硕图文	

出　版	吉林出版集团股份有限公司	
	（长春市福祉大路5788号，邮政编码：130118）	
发　行	吉林出版集团译文图书经营有限公司	
	（http: //shop34896900.taobao.com）	
电　话	总编办 0431-81629909　营销部 0431-81629880/81629881	

印　刷	长春市华远印务有限公司	开　本	787mm×1092mm　1/16	
印　张	11.5	字　数	210千	
版　次	2022年6月第1版	印　次	2022年6月第1次印刷	
书　号	ISBN 978-7-5731-0002-3	定　价	68.00元	

印装错误请与承印厂联系

目　　录

第一章　互联网金融总述

第一节　互联网金融的基本概念

一、互联网金融产生的原因

1. 中国的金融抑制与监管套利为互联网金融提供了发展空间

中国金融业市场化程度不高，在政府管制下，中国经济具有明显的金融抑制特征，民间资本规模庞大与企业融资困境现象并存，这为互联网金融的发展创造了空间。在现行的监管体制下，传统金融业普遍受到严格的监管，而在互联网金融业领域，监管则相对薄弱，这为互联网金融带来了监管套利的机会。此外，由于近年来中国互联网产业竞争日趋激烈，为寻找新的利润发展空间，互联网巨头将目光投向了具有较高利润率与较大发展空间的金融业，创造性地利用互联网技术方面的优势来对金融产品进行包装与升级，满足了消费者的金融需求，互联网金融应运而生。

2. 互联网业与金融业本质上相匹配是互联网金融发展的根源

互联网行业与金融行业本身具有千丝万缕的联系，彼此的匹配性是互联网金融得以出现并蓬勃生长的内在动因。现代经济学理论认为，金融中介产生的原因是由于不确定性与交易成本的存在。在网路经济时代，互联网具有开放性、交互性的特征，可以实现信息流的共享整合，有助于减少信息不对称，从而减少不确定性和降低交易成本。互联网金融丰富了金融的功能，实现了资金流与物流、信息流的高效整合与匹配。比如 P2P 信贷与众筹突破了传统金融中介的固有模式，使资金供需双方得以直接交易，提高了金融资源配置效率。同时移动支付工具促成了资金跨时空交易，提高了金融服务的便利性。而大数据技术则通过对海量数据信息的挖掘与分析,降低了信息不对称程度,使得风险识别与控制更及时、更有效。

3. 平台的经济性造就了互联网金融发展的优势

互联网金融具有双边市场特征,互联网金融企业充分发挥平台的集群效应,利用网路技术撮合金融产品供需双方进行交易,促使资源实现更有效的配置。相对于传统金融,互联网金融的盈利模式更具有优势。因为传统金融企业的盈利主要来源于存贷利差,随着利率市场化进程的加快,利差逐步缩小,传统金融企业将面临转型,而互联网金融的盈利模式来源于佣金而非差价。互联网金融模式下,平台经济服务金融市场的能力更强,通过大数据技术可以深入分析用户个体与群体的消费偏好,实现精准化营销,为客户提供个性化服务。

二、互联网金融的定义

2012 年 8 月,谢平在《互联网金融模式研究》中指出,互联网金融在经济学上还没有一个严格的定义,它更接近于一个谱系概念。谢平将其定义为:一种受互联网技术、互联网精神的影响,从传统银行、证券、保险、交易所等金融中介到无中介瓦尔拉斯一般均衡之间的所有金融交易和组织形式。互联网金融的形式既不同于商业银行间接融资,也不同于资本市场直接融资。这一定义体现了互联网金融去中介化的特点。

2013 年 6 月,阿里巴巴集团董事长马云在相关媒体发表文章,称未来的金融有两大机会:一个是金融互联网,金融行业走向互联网;另一个是互联网金融,是纯粹的外行领导,其实很多行业的创新都是外行进来才引发的。金融行业需要搅局者,更需要那些外行的人进来进行变革。

2014 年 4 月,《中国金融稳定报告(2014)》提出:互联网金融是互联网与金融的结合,是借助互联网和移动通信技术实现资金融通、支付和信息中介功能的新兴金融模式。广义的互联网金融既包括作为非金融机构的互联网企业从事的金融业务,也包括金融机构通过互联网开展的业务:

狭义的互联网金融仅指互联网企业开展的、基于互联网技术的金融业务。

2015 年 7 月 18 日,《关于促进互联网金融健康发展的指导意见》指出:互联网金融是传统金融机构与互联网企业利用互联网技术和信息通信技术实现资金融通、支付、投资和信息中介服务的新型金融业务模式。互联网金融的主要业态包括互联网支付、网路借贷、股权众筹融资、互联网基金销售、互联网保险、互联网信托和互联网消费金融等。

从以上定义看，有些强调互联网金融呈现出去中介化和新型金融业态的特征；有些认为互联网只是一种工具，更多的是为金融的发展提供支持；有些则关注互联网精神在金融中的应用。实际上，准确定义"互联网金融"是一件比较困难的事情。①不同的机构以及个人会从不同的角度来理解和解读互联网金融。与此同时，不同领域以及不同模式的互联网金融存在一些共同点，同时也存在不少差异，因此难以完全概括。②"互联网金融"及"金融互联网"其实是动态的、阶段性的概念，需要历史地去看待和评价。比如，今天再来评价十多年前互联网证券交易在中国的发展，似乎就属于"金融互联网"的范畴，可就当时的大环境而言，这已经是非常超前的了，或许应该归于"互联网金融"。③严格意义上的互联网金融与金融互联网其实是一个链条的两端，现实世界的业态主要分布在中间状态，有些可能距离理想化的互联网金融更近一些，有些可能更靠近金融互联网这一端，因此在区分时只能做一个大致的判断。

综上所述，我们认为互联网金融是一种基于互联网、大数据、云计算、移动通信、社交平台及搜索引擎等信息技术，实现资金融通、支付、结算等金融相关服务的金融业态。互联网金融是现有金融体系的进一步完善和普惠金融的重要内容，其表现形式既包括以互联网为主要业务载体的第三方支付、P2P网贷、众筹等新兴新型金融业态，也包括持牌互联网金融机构，以及各类持牌金融机构设立的主要从事互联网金融相关业务的法人机构。互联网金融的内涵不是互联网和金融业的简单结合，是以互联网时代的技术为基础，为适应新的需求而产生的新模式及新业务，是传统金融行业与互联网精神相结合的新兴领域。互联网金融与传统金融的区别除了金融业务所采用的媒介不同，更重要的是金融参与者深谙互联网开放、平等、协作、分享的精髓，通过互联网、移动互联网等渠道，使得传统金融业务呈现出透明度更强、参与度更高、协作性更好、中间成本更低、操作上更便捷等特征。

三、互联网金融的特点

1. 信息的多维采集与深度运用

互联网金融采集并使用了更多的信息大数据。市场主体不是独立存在的，会与其他市场主体发生联系，如供货商、客户、银行等，可通过互联网从多个侧面搜集这一市场主体的信息，并通过信息的拼接对市场主体有一个整体性的认识，进而获得该主体其他方面的信息。如阿里金融通过分析客户在淘宝上的消费等情况，能够判断出客户可能的生活情况以及潜在的消费需求，甚至能够通过客户交纳水、电、煤气费的地址来判断客户是否有稳定的住所，并对客户的信用情况做出合理的判断。

互联网金融采用了新的信息处理方式云计算。在传统金融模式下，信息资源分散庞杂，数据难以有效处理和应用。在互联网金融模式下，社交网路生成和传播信息，有些信息是个人和机构没有义务披露的；搜索引擎对信息进行组织、排序和检索，有针对性地满足信息需求；云计算可以提高对海量信息的处理能力，将不对称、金字塔形的信息扁平化，实现数据的标准化和结构化，最终形成时间连续、动态变化的金融市场信息序列，而这些信息恰恰是传统金融机构参与主体迫切需要但难以获得的。

2. 去中介化

在互联网金融模式下，资金的供求信息在互联网上发布，不仅供求双方能够凭藉信息技术全面深入地掌握交易对象的交易信息，并据此找到合适的风险管理和分散工具，而且双方或多方交易也可以同时进行，定价完全竞争，最大化地提升资金配置效率，实现社会福利最大化。互联网金融本质上是直接融资，资金供求信息在网路上形成"充分交易可能性集合"，双方资金供求匹配成功后即可直接交易，在没有金融中介参与的情况下，高效解决资金融通问题。

3. 以第三方支付为代表的互联网金融对银行等传统金融机构最大的冲击在于切断了银行和客户之间原来的直接联系。客户直接面对的将只是第三方支付机构，传统的银行账户、基金账户全部后台化，客户甚至感觉不到〔其存在随着账户同一化趋势的发展，"账户为王"时代即将到来（三类），第三方支付账户可能会成为人们支付和消费的首要甚至是唯一入口，其他账户全部隐藏在第三方支付账户的背后，成为其附庸。央行于 2015 年 12 月 25 日发布《关于改进个人银行账户服务加强账户管理的通知》（下称《通知》），宣布将对落实个人银行账户实名制、建立银行账户分类管理机制、规范代理开立个人银行账户、强化银行内部管理和改进银行账户服务五方面进行规范。

《通知》指出未来存款人可通过Ⅰ类银行账户办理存款、购买投资理财产品、转账、消费和缴费支付、支取现金等业务；通过Ⅱ类银行账户办理存款、购买投资理财产品、限定金额的消费和缴费支付等业务；通过Ⅲ类银行账户办理限定金额的消费和缴费支付服务。Ⅱ类银行账户和Ⅲ类银行账户不得存取现金，不得配发实体介质。

四、互联网金融的功能

从目前发展情况来看，互联网金融的功能主要体现在提供金融活动平台、优化资源配置、支付效率提升、提供价格信息功能等方面。

1. 提供金融平台

通过互联网金融平台，客户可随意选择金融产品，足不出户就能完成支付、理财、贷款等金融服务，互联网金融通过网路为客户提供便捷快速的平台。互联网金融平台充分发挥平台的集群效应，利用网路技术撮合金融产品供需双方进行交易，在克服了时间和空间限制的基础上，加快资金周转速度，最大限度地保证双方资金尤其是资金接收方的利益。

2. 优化资源配置

互联网金融本质上是一种直接融资方式，其核心是资金的供给方通过金融市场将资金的使用权让渡给资金需求方的过程。互联网可以有效识别信用风险，并且还有效降低了市场中信息不对称的问题，因此，基于网路平台的金融明显更有利于金融资源配置功能的实现。

3. 方便支付和清算

传统支付渠道主要通过商业银行。在互联网金融模式下，可以进一步改善现行的以商业银行为主体的支付体系，更可以方便快捷地提供支付清算服务，大幅提升了金融的支付清算功能效率。互联网金融平台降低了交易者的清算成本，便于资金管理、汇总支付清算交易笔数而后进行轧差清算，降低了银行的清算成本，而其平台沉淀资金的变相垫资加快了某些支付清算行为的速度，是对当前支付清算体系的完善和补充。但是在肯定互联网金融支付清算服务的同时，也应当重视其对支付清算体系的冲击以及带来的风险。

4. 提供价格信息

互联网金融使价格信息更加准确、及时、丰富。随着互联网平台的引入，最大限度地提高了资金动员的能力和资金的使用效率，加快资金周转率，促进金融体系，尤其是与传统商业银行的竞争，使得利率资金的价格更加及时，准确地反应资金的供给和需求，进而引导资金的合理流动。在互联网所创造出来的无边界交易平台下，厂商与消费者、厂商与厂商、消费者之间的竞价机制得到了极大的完善。在这里，价格不是由外部力量约束，所有价格都是彼此之间竞价的结果。

5. 分散风险

金融市场应该形成风险共担机制，金融机构的风险防控就是对在交易定价中的风险进行分散和转移。因为市场中存在信息不对称，如果不能对社会风险进行有效的防控，则经济模式将无法正常运行。互联网金融在这方面强于传统金融，相比之下，互联网金融的开放平台更方便实现资源共享，极大地解决了市场上信息不对称的问题，从而降低了交易成本，分散了风险。网路金融利用其特殊的平台，收集并分析各企业用户的日常交易行为，判断他们的业务经营状况、经营信用情况、资金需求状况以及行业发展导向，解决了因无法掌握制度不健全的小企业的真实经验情况造成的信息不对称问题，一定程度上降低和分散了道德风险和信用风险。

五、互联网金融的发展历程

我们认为，互联网金融的发展可以从两个方面来分析，一是金融业务互联网化，二是互联网业务金融化。

关于金融业务互联网化，最初的金融业务互联网化就是将传统的金融柜台服务扩展到线上来，其中典型的就是网上银行，这扩大了银行的服务范围。另外，电子银行、手机银行等都属于传统金融服务的互联网延伸的范围。后来随着技术进步及国内电子商务的迅速发展，传统金融机构开始涉足电子商务领域，建立网上商城，开展电子商务业务。近年来伴随着互联网技术特别是大数据、云计算等技术的快速发展，银行凭藉已有的各种资源优势开展各种互联网金融业务，直销银行正是在这样的背景下发展起来。而金融机构从事网路货币交易及混业经营将会是传统金融机构未来的发展方向。

关于互联网业务金融化，发展初期体现为门户网站，而后伴随着国内电子商务的兴起，在激烈的竞争中生存下来的门户网站开始转型并朝着电子商务方向发展。近年来，随着互联网技术包括在大数据、云计算等技术的带动下，各大电子商务公司积极把握发展趋势，利用既有的资源数据开展了互联网金融业务，比如第三方支付、P2P 网贷、众筹等。随着电子商务公司业务多元化的发展，大数据公司则成为其主要的发展方向。

两种金融模式的异同：事实上，是否具备互联网精神、能否以客户需求为导向并注重客户体验等要素是互联网业务金融化与金融业务互联网化的本质区别。在互联网业务金融化方面，阿里金融是目前最接近理想化互联网业务金融化模式的一个样本，因此下面将主要结合阿里金融的实践来比较和分析互联网业务金融化与金融业务互联网化的差异。

互联网业务金融化与金融业务互联网化的比较

	比较项	互联网业务金融化	金融业务互联网化
企业的角度	经营理念	开放、共享的互联网理念	传统理念
	组织架构	独立、多变	附属、分支，相对稳定
	交易金额与频率	金额小、频率高	金额大、频率低
	价格策略	免费、低价	相对高价
客户的角度	客户定位	开放、年轻的客户	稳健保守的客户
	客户体验	便捷、快速、互动	繁琐、缓慢、单向
技术与信息的角度	信息	对称、透明	不对称、不透明
	去中介化	去中介化	中介化
	新技术应用	快	慢
安全角度	安全性	相对弱	相对强
	监管机制	相对薄弱、亟待完善	比较成熟

第二节　金融业务互联网化

一、金融业务互联网化的发展

所谓的互联网化就是将金融业务通过互联网来完成，在其发展历程中主要经历了四个阶段：网上银行、网上商城、直销银行和货币银行。这四个阶段也恰恰映射着互联网发展的三个时代即：PC互联网时代、移动互联网时代和物联网时代，表明金融机构与互联网企业的结合越来越紧密，最后在物联网时代可能会融合在一起。

互联网金融发展史：

世界上第一家网上银行在美国诞生　　　　　　1995

中国银行构建网上银行系统	1996
招商银行推出了"一网通"业务	1999
大部分银行建立了网上银行	2002
国内商业银行纷纷建立网上商城	2005
国内首家直销银行诞生	2013.9
工行正式推出"工银融 e 行"	2015.2

20 世纪 90 年代，互联网金融发展主要体现在金融机构把互联网作为技术支持，将银行业务从营业网点搬到了网上，但此时还没有出现真正的互联网金融形态。1995 年世界上第一家网上银行在美国诞生，随后，世界各大银行也纷纷开展网上银行业务。1996 年，中国银行开通中行网站并构建网上银行系统，这开启了中国网上银行发展的先河。1997 年，招商银行推出了"一网通"业务，全面开展网上银行服务。随后，各家银行争先推出网银服务，至 2002 年年底，国有银行和股份制银行全部建立了网上银行。随着金融业的互联网程度不断加深，中国金融业的互联网时代宣布到来。

2005 年之后，电子商务迅速发展，第三方支付机构逐渐成长以及网路借贷也开始萌芽，金融与互联网的结合开始从技术领域深入到金融领域，国内各大商业银行纷纷试水电商业务，建立网上商城，例如工行的融 e 购、招行的聚便宜、建行的善融商城等。

随着 2013 年 9 月 18 日北京银行与其境外战略合作伙伴荷兰 ING 集团深度合作产生了国内首家直销银行后，直销银行在这两年迅速崛起，2014 年 2 月 28 日，民生银行直销银行也正式上线，随后，兴业银行、平安银行、浦发银行、华夏银行、上海银行、浙商银行、江苏银行等相继推出了直销银行业务，工商银行也于 2015 年 2 月 9 日正式上线了名为"工银融 e 行"的直销银行，目前城市商业银行、股份制商业银行乃至国有商业银行均已涉足此领域。

二、金融业务互联网化的类型

1. 网上银行

在银行业、通讯信息技术、互联网的飞速发展以及通讯信息技术广泛应用于金融范畴的形势下，网上银行也就相伴而生。网上银行通过互联网提供包括传统银行业务和因信息技术应用带来的新兴业务，它不受时间、空间限制，使得人们感受到了前所未有的金融消费的多样性。

20 世纪末期，随着计算机的发展及应用，银行的经营方式出现了网路化趋势。第一家网上银行——美国安全第一网上银行问世，吸引了世人的眼球。与此同时国内商业银行的发展也在悄然进行，中国银行于 1996 年开始筹建自己的网上银行，用了一年的时间完成了整个架构，创立了独具自己特色的网站。由于商业银行具有极强的同质性，所以中国各大商业银行纷纷效仿推出自己的网上银行业务及服务。

《2015—2016 年中国网上银行年度监测报告》指出，2015 年中国网上银行交易额已经达到了 1，600.85 万亿元，同比增长 28.18％。从以上数据可以清楚地看出，随着电子商务、互联网金融及网路经济的走强，网上银行交易量及规模出现平稳增长的局面。

而同时，随着用户规模的扩大，用户量级的快速增长以及移动支付的迅猛发展使得手机银行有更多的使用机会，据中国电子商务研究中心（100EC.CN），监测数据显示，2015 年手机银行交易额为 70.7 万亿元，同比大幅增长 122.75％。相比于网上银行，手机银行具有一定的优势，这包括：便于携带、可以方便获得用户所处的地理位置、便于分析用户的行为等。

2. 网上商城

2006—2007 年，各大商业银行的官方网站上相继出现了"网上商城"板块。然而，那时的"网上商城"于银行而言，仅仅是面子工程，既不能在线下单，也不能浏览详情，只是提供了跳转至各大合作商户的外部连结而已。在相当长的一段时间内，银行商城算不上真正意义上的网上商城，而是被用来维护企业与客户的关系，提供企业商户的一个免费展示的宣传窗口。流量导出、客户转化率、利润分成等指标，在当时都是不被关心的话题。电商在银行领域并没有像今天这般举足轻重。

但随着第三方机构对银行业务的不断渗透，"金融脱媒"现象日益加深，银行中间业务因此而受到一定的影响和冲击。在传统经营模式越来越难以为继的预期背景下，各大商业银行才不得不投身于建设网上商城。2012 年，交通银行推出"交博汇"平台、建设银行推出"善融商务"平台、中国银行中山分行推出"云购物"、宁波银行推出首个中小企业专属金融社区平台"宁波银行E 家人"。

3. 直销银行

直销银行是互联网时代应运而生的一种新型银行运作模式，在这一经营模式下，银行没有营业网点，不发放实体银行卡，客户主要通过电脑、电子邮件、手机、电话等远程渠道获取银行产品和服务，因没有网点经营费用和管理费用，直销银行可以为客户提供更有竞争力的存贷款价格及更低的手续费率。降低营运成本、回馈客户是直销银行的核心价值。

2013 年 7 月，民生银行成立了直销银行部。2014 年 2 月 28 日，国内首家直销银行民生银行直销银行正式上线。民生银行直销银行突破了传统实体网点经营模式，主要通过互联网渠道拓展客户，具有客群清晰、产品简单、渠道便捷等特点。2014 年 3 月，兴业银行推出直销银行，其特点在于用户可以持工行、建行、农行、招行、中信等多家银行卡，通过电脑、手机等移动设备直接在其上选购热销理财产品、基金以及定期存款、通知存款等，免掉了繁复的注册、登录、跨行资金划转步骤，一键购买，省时省力。可以随时随地随身"一站式"查看、管理、调拨上述各家银行卡上的资金，享受在线理财规划服务。

中信银行与百度于 2015 年 11 月 18 日举行战略合作发布会，宣布共同发起成立百信银行，首家独立法人模式的直销银行即将问世。目前，有 20 多家银行开展了直销银行业务，但是此前，直销银行业务都是在传统银行内部展开，而中信银行此次的尝试是以子公司独立法人的模式发起。

第三节　互联网业务金融化

一、互联网业务金融化的发展（2014—2016 年）

互联网企业正是在不断与金融机构进行竞争、合作的过程中发展壮大的，从初期的相互独立到中期的竞争合作再到现在的融合，可以说没有金融机构，互联网企业是不会发展到如此规模的。从时间轴来看，互联网企业的金融化经历了四个阶段：门户网站、电子商务、互联网金融、大数据时代，完成了互联网企业从 IT 到 DT 的转换。

1997 年 6 月，随着网易公司的成立，标志着门户网站在中国的诞生。1998 年 2 月 25 日，中国首家大型分类查询搜索引擎——搜狐品牌正式诞生。随后，四通利方宣布并购海外最大的华人网站公司"华渊资讯"，成立全球最大的华人网站"新浪网"。至此，中国门户网站三足鼎立的局面开始形成。门户网站在发展初期以网路广告为盈利点，通过最大化地吸引用户注意力、提高浏览量来获得风险投资者和网路广告主的青睐。这些互联网企业几乎还没有任何产品，与传统金融机构业务发展没有交集，相互独立。但由于收入模式过于单一，很多门户网站的发展受到限制，因此他们开始对自身的发展模式进行思考和调整，走向业务多元化，而不再像传统门户网站那样只以网路广告为主营业务。

中国电子商务的发展虽然最早可以追溯到 1993 年，但在 2003 年之前，电子商务发展十分缓慢，处于初步的发展阶段。网民的网路生活方式还仅仅停留于电子邮件和新闻浏览的阶段。而 2003 年以后的几年，一方面，当当、卓越、阿里巴巴、慧聪、全球采购、淘宝——这几个电商开始出现在人们的视野中；另一方面，"非典"的爆发让人们体验到这些电商带给我们的便利。这个阶段，大批的网民逐步接受了网路购物的生活方式，而且这个规模还在高速地扩张；众多的中小型企业从 B2B 电子商务中获得了订单，获得了销售机会，"网商"的概念深入商家之心；电子商务基础环境不断成熟，物流、支付、诚信瓶颈得到基本解决，在 B2B、B2C、C2C 领域里，不少网路商家在迅速地成长，累积了大量的电子商务营运管理经验和资金。

2005 年，计算机和宽带的普及以及电子商务基础设施的完善促进了第三方支付行业快速发展，使中国第三方支付迎来了春天，支付规模达到 196 亿元。

2007 年 6 月，中国第一家 P2P 网路借贷的网站"拍拍贷"成立，开启了中国网路借贷的先河。这也对传统金融机构的统治地位构成了挑战，互联网企业开始涉足金融领域，并与银行展开了竞争。

前面两个阶段的发展为互联网企业进入互联网金融时代打下了基础。我们所说的互联网金融主要包括互联网企业的金融化与金融企业的互联网化，此处我们主要讨论前面一部分，这一部分又可以分为三个发展阶段：①20 世纪 90 年代，互联网企业发展模式单一，产品稀少；②随着计算机和通信技术的广泛应用以及电子商务的发展，第三方支付机构逐渐成长，网路借贷也开始萌芽，互联网与金融的结合开始从技术领域慢慢深入到金融业务领域；③随着 P2P 借贷的成熟以及众筹的出现，互联网企业开始提供更多的投融资服务，金融化进一步加深。2013 年是互联网金融发展革命性的一年，故这一年也被称为"互联网金融元年"。

2014 年，P2P 网贷发展继续欣欣向荣。根据对 325 家重点网贷平台的监测结果，2014 年网贷平台综合成交量超过 2,500 亿元，是 2013 年的 3.29 倍；并且基本保持逐月递增趋势，3 月份涨幅达到峰值 106.9%。但由于网贷发展还处于初级阶段，缺乏相关部门的监管，法律政策等也相对匮乏，平台跑路事件频频发生。

随着"大众创业、万众创新"政策的推进，国务院先后数次推动股权众筹事业的发展。2015 年，全国众筹行业共成功筹资 114.24 亿元，历史上全年首次突破百亿元大关，比 2014 年全国众筹行业筹资金额增长了 429.38%。

大数据的发展从以 Google、Amazon、Yahoo 为代表的互联网大公司拓展到越来越多的创业公司以及金融、电力、电信等各种传统行业，这些公司和行业在不同的维度进行数据挖掘和分析，创造出更多的商业模式和经济增长点。同时，包括美国在内的诸多国家，都将大数据管理上升到国家战略层面，从国家层面通盘考虑其发展战略。"大数据"中的数据主要包括"在线"大数据和"离线"大数据，虽然从事大数据研究和开发的公司及研究单位对于这些数据有不同的业务逻辑，但是大的处理技术基本类似，包括数据采集、导入和预处理、统计和分析、挖掘。目前，在中国，大数据在各大企业中（如淘宝、百度、腾讯）已经得到了成熟和广泛的应用，大数据商业模式也开始逐渐形成。

二、互联网业务金融化的类型

如果说被称为"互联网金融元年"的 2013 年伴随着各种"宝宝类"网销货币基金的横空出世的话，在随后的 2014 年，互联网支付、网路借贷、众筹、互联网理财、保险等各类互联网金融消费产品进入大众视线，则代表了"互联网金融创新发展年"。通过"互联网＋"的技术创新和金融服务融合互动式突破，互联网金融已成为日趋成熟的消费行业。

从 21 世纪初互联网支付的出现，到互联网借贷（网路小贷及 P2P）、互联网股权投融资（众筹）的落地；从近年来互联网保险的高歌猛进，到近期一站式互联网理财的兴起；从单品类的互联网理财到综合性的互联网金融消费，高端化、精英化的传统金融服务行业逐渐延伸出门槛更低、频次更高、服务更加综合快捷的互联网金融，其消费市场的崛起势不可挡。

包括 P2P、众筹、互联网信托、网销货币基金等形态都是互联网理财产品的表现形式，虽然每一种互联网理财产品的形态、运作和原理都不尽相同，但都是消费者对财产和债务进行管理，以实现财产的保值、增值为目的的投资理财途径。

1. 第三方支付

1999 年出台的美国《金融服务现代化法案》将第三方支付机构定性为非银行金融机构，将第三方支付业务定性为货币转移业务。中国人民银行 2010年出台的《非金融机构支付服务管理办法》将第三方支付业务定义为，在收款人和付款人之间作为中介机构提供货币资金转移服务，包括网路支付、预付卡、银行卡收单等业务。在资金流转过程中，第三方支付平台只起到中转作用，但不拥有资金所有权，它主要解决不同开户行银行卡的网上对接以及异常交易带来的信用缺失等问题，通过提供资金流通渠道完成消费者、商户以及金融机构间的货币支付、资金清算、查询统计等过程。尽管第三方支付业务脱胎于银行业务，但是第三方支付业务模式并非一成不变，在众多第三方支付机构中，每个公司的营运模式不尽相同。典型的第三方支付业务模式有两类：一类是以"快钱"为代表的独立第三方支付模式；另一类是依托于自有 B2C、C2C电子商务网站提供担保功能的第三方支付模式，如"支付宝""财付通"。

第三方支付自 2004 年出现以来一直呈快速增长态势。中国人民银行数据显示，截至 2015 年 9 月，已获得第三方支付业务许可证的机构为 270 家，其中"支付宝"市场份额为 47.67%，"财付通"市场份额为 20.1%，"银联在线"市场份额为 11.1%。以上三家支付企业的市场份额已接近 80%，市场集中度较高，核心企业市场份额保持稳定。这表明，经过 10 年的快速发展，第三方支付市场已经趋于成熟。

2. P2P 网路借贷

ICT 技术的发展使基于互联网的 P2P 网路借贷模式应运而生。P2P 网路借贷模式是指借款人向 P2P 平台提交借款金额、期限和利率等信息，并根据平台要求提供相应的证明文件，网路平台根据既定的信用评级模型等手段对投资人进行相应的认证，出借人通过比较借贷平台的标的，根据自己的风险偏好出借资金的过程。在这一模式下，借款人与出借人的对接在网路平台上完成，比如"人人贷""宜信""陆金所"等。

截至 2015 年 12 月底，网贷行业营运平台达到了 2,595 家，相比 2014 年底增长了 1,020 家。P2P 网路借贷平台的成交额规模为 11,805.65 亿元，同比增长 258.62%。预计在未来两年之内仍然会以 200% 左右的增速发展。

由于中国特定的金融市场环境，P2P 网路借贷模式存在明显的地区差异。2015 年，P2P 网路借贷的平均年利率和平均网贷期限均与传统线下民间借贷同期水平相近，其中平均年利率为 12.057。同比下降 5.47 个百分点，网贷期限平均为 6.22 个月，比 2014 年上升 5.07。北京、广东、上海、浙江、山东、江苏 6 个地区的平台数量最多，占据全国目前 P2P 网路借贷行业 80% 以上的份额，其中上海的网贷利率只有 9.83%，在全国是最低的，上海的网贷期限达到 10 个月以上，远高于平均网贷期限。

从中可以看出互联网企业高度集中且实力强大，如北京百度、长三角阿里巴巴、珠三角腾讯；网贷平台方面，北京有网信理财、长三角有陆金所、珠三角有红岭创投。三大地区一直是中国经济发展的排头兵与对外开放的前沿地区，市场经济高度发达，对外开放程度高，域内老百姓对新事物、新概念、新产品的认知与接受程度高。

3. 众筹融资模式

众筹融资模式是指项目的发起者通过互联网融资平台宣传介绍自己的项目，合格的投资者对感兴趣的项目进行少量投资，使发起者筹集项目运行资金，并由发起者给投资者一定报酬的融资模式。中国目前的众筹融资模式以奖励类众筹为主。股权类众筹是指项目筹资人通过互联网平台进行融资，并回报给投资者一定的公司股份，而投资者最终能否获得实际的收益取决于公司实际经营状况的一种众筹模式，因此，可以把股权众筹理解为"在互联网上完成的私募股权投资"。

同上面两种互联网金融模式第三方支付和 P2P 网路借贷模式相比，国内众筹融资模式发展相对缓慢，但这并不意味着众筹融资模式的市场需求很小。根据国外经验，奖励类众筹和股权类众筹在中国都有着广阔的市场前景和巨大的融资需求。从过去三年国内众筹融资平台运行情况看，股权类众筹因为股东人数限制及公开募资的规定，目前有"天使汇""大家投"

等少数股权类众筹平台，作为创新产品的预售及市场宣传平台的"点名时间""众筹网"等，人文、影视、音乐和出版等创造性项目的梦想实现平台"淘梦网""追梦网"等，以及一些微公益募资平台数量较多。值得关注的是，众筹融资平台募集成功率为 25%～42%。

2014 年上半年，众筹融资平台发起目标资金总额约为人民币 21.89 亿元。从统计数据看，中国的众筹融资模式还不成熟，和国外相比差距较大。以国内发展较好的"点名时间"为例，自 2011 年 7 月创立至今，该众筹平台共收到创业提案 6，200 多个，只有大约 700 个通过审查，通过审查的项目中约 50％成功募集到资金。迄今为止，该网站仍未达到能够盈利的经营规模。相比之下，全球最大的众筹网站 Kickstarter2012 年的筹资总额已经达到 3.2 亿美元，网站营运已经进入盈利阶段。

第二章　互联网金融信用风险概述

金融业是大数据的生产者和使用者之一，其市场调研、行业企业统计数据、消费者研究报告以及业绩报表等都是数据的来源。杜永红（2015）认为，随着我国互联网的高速发展，数据量迅猛增长，传统金融机构数据处理技术已无法解决大量不规则"非结构性"数据的问题。传统金融机构以实体形态存在，而与之相比互联网金融则具有特殊虚拟性质，它能够有效结合金融理论、因特网技术、金融管理等理论和技术，并且利用互联网技术开展方便灵活的金融业务。作为一种新颖高效的现代化金融形式，互联网金融包含大数据金融、第三方支付、众筹、P2P网贷、互联网保险以及互联网金融门户等多种发展模式，现已覆盖银行、保险和证券等多个金融领域，并以其虚拟性、信息化、创新性等显著优势，影响着人们的经济生活。

互联网金融这一划时代的变革，一方面给传统金融市场带来了前所未有的机遇，另一方面使得传统金融业信用安全面临着严峻挑战。互联网金融在我国起步较晚，与发达国家相比，对其风险的防控研究相对较少，使得我国互联网金融市场的问题日益突出。

传统金融机构在网上开展金融业务，时常碰到各种风险问题，诸如操作风险、信誉风险、法律法规风险和安全风险等，而这些风险都会加大互联网金融的信用风险（Berger and Gleisner，2008）。陈静俊（2011）指出我国互联网金融中的网络贷款用途难以核实，信用风险较大。周宇（2013）认为，当今我国的互联网金融正处于起步阶段，很难准确辨别其在中长期内对传统金融机构的信用风险影响程度。的确，我国互联网金融在多元化发展阶段，面临着法律法规风险、业务管理风险和技术与信息风险等，而这些风险问题会对互联网金融信用风险产生不同程度的影响，使得整个互联网金融体系不能够安全运行（乔仁峰，2014）。然而，金融风险在网络中可以被放大，同时也可以被防控。杨虎、易丹辉（2014）认为，在国家支持互联网创新的政策背景下，互联网金融迅速发展，亟需建立互联网金融风险预警系统进行风险防范。姚国章、赵刚（2015）指出科学有效地评价和监控互联网金融发展的风险是事关互联网金融发展未来的重要因素。因此，对于我国商业信用与银行信用都尚且不够完善的金融市场，如何测度并降低互联网金融信用风险是我国金融业在发展过程中亟待解决的一个问题。

信用风险是金融市场中最古老也是最重要的金融风险之一。它随着借贷的发生而发生，直到这笔贷款的本金和利息完全归还或者发生违约冲销损失准备而结束。随着金融市场的迅猛发展，金融市场有必要对信用风险进行更加灵活、积极和主动的管理，通过各种金融技术将信用风险层层剥离，选择更加完善的风险管理方法，将风险降低或转移。

第一节　互联网金融的风险种类分析

随着互联网技术对金融行业的影响越来越大，近年来，互联网金融在中国取得了快速发展。与此同时，由于互联网金融业务规模的急剧扩张以及金融创新的不断涌现，使得互联网金融业务也暴露出了许多风险隐患，主要表现在六个方面，即信用风险、互联网技术风险、法律风险、政策与监管风险、流动性风险以及消费者权益被侵犯风险。

一、信用风险

信用风险指交易对象没有能力继续履约而给其他交易对手带来的风险。大部分互联网金融网贷平台对投融资双方的资质审查不严格，准入门槛要求低，而且信息披露制度普遍不够完善。互联网上的融资方经常在高杠杆比率下经营，无抵押无担保状态下的借款现象比较多。

我国征信机制不够完善，网络数据的数量不够、质量不高，在这些条件下，互联网交易双方地域分布的分散化使得信息不对称问题愈加严重，加剧了信用风险。

为了吸引更多投资者，互联网金融平台纷纷推出高收益、高流动性的产品，看似诱人的回报背后实际隐藏着期限错配问题，容易导致流动性风险。

近年来，互联网金融的信用违约和欺诈案件频发，网贷平台"卷款跑路"

的现象频频出现。2016 年 1—4 月跑路的 P2P 平台超过 300 家，30％的 P2P 平台出现了运营困难的情况。

总体看，出现问题的 P2P 平台数量远超 2015 年同期。由于我国很多 P2P 网贷平台借给融资者的资金都是从不同的投资者手里集中起来的期限不同的资金，如果融资者出现了违约现象，就会造成资金链断裂，从而产生信用违约的风险。

有些 P2P 网贷平台信息披露极为不透明，有的通过编造投资项目、虚假债权等来诈骗资金，还有的贷款人在一家平台上发生违约后又去另一家平台贷款。有些融资平台通过虚假的宣传在市场上进行不正当竞争，以高收益率来吸引投资者，但这类高额年收益大大超出了货币基金有可能达到的平均年收益，最后很可能成为无法兑现的欺诈活动。

二、互联网技术风险

金融与互联网技术结合之后，一些带有互联网特色的技术风险也随之而来，这主要表现在三个方面：

（一）进行互联网金融交易的电脑、移动设备等存在漏洞而带来的风险。

（二）互联网金融平台存在的安全威胁。

（三）互联网金融交易依托的数据传输网络带来的隐患。

互联网技术风险带来的最大问题是信息安全问题。技术的不成熟，会导致信息泄露、丢失、被截取、被篡改，影响到信息的保密性、完整性、可用性。这些信息安全问题进而又会造成用户隐私泄露，威胁用户资金安全。

三、法律风险

近年来，互联网金融异军突起，但由于从业人员良莠不齐、投资者和金融消费者缺乏相应的金融知识、监管乏力等，致使许多并非真正的互联网金融服务平台，以"金融创新"的外衣为掩护，进行金融诈骗或者非法集资等活动，严重地影响着互联网金融行业的整体生态。

在诸多法律风险中，涉嫌非法集资是最大也是最容易触犯的法律风险。无论是异化了的 P2P 网络借贷融资还是互联网公众小额集资形式，其运营都缺乏法律依据，现有的制度没有明确其性质而使其处于法律的灰色地带。现实中也出现了许多假借 P2P 网络平台名义而进行非法集资的事件，如"e 租宝"等事件。

除此之外，法律风险还体现在利用互联网金融从事洗钱活动，个人信息泄露，擅自发行公司、企业债券，经营者挪用资金、职务侵占，以非法占有为目的进行虚假融资等。

四、政策与监管风险

政策与监管风险来自两个方面。首先互联网金融的创新业务本身可能违反法律法规，其次政策与监管的变化可能会使互联网金融创新无法顺利进行。

金融是一个高度专业、高度复杂、充满风险的行业，因此必然会面临政策和监管的约束。对于新兴的互联网金融行业，我国还没有比较完善的政策法规，行业和监管都是摸着石头过河，法律界定模糊，创新项目很容易触碰监管红线，造成不必要的损失。

有些互联网金融平台在业务创新过程中会发生变质，例如演变成非法集资、洗钱等。此外，政策与监管本身会受到很多因素的影响，随着社会经济形势的变化，对创新领域的监管政策可能也会发生变化，从而对创新业务造成阻碍。

五、流动性风险

流动性风险在金融行业是普遍存在的，同时也是金融行业最惧怕的风险，互联网金融公司的流动性风险主要有两种：

（一）理财资金远大于债权资金

目前已经有一些互联网金融公司显现出这样的问题，投资理财者把钱充值到平台，但是却迟迟买不到理财。打着饥饿营销的幌子的背后，实际上是没有足够的债权进行匹配。这种情况下，且不说这笔资金的利息问题，很可能还会牵扯到法律问题，也就是常说的资金池问题。

（二）规模和流动性风险成正比

当一家互联网金融公司在一个时间点面临客户批量赎回，也就是所谓"挤兑"风险出现的时候，可能就会遭受灭顶之灾。

六、消费者权益被侵犯风险

对互联网上消费者权益保护不够重视，资金安全和个人信息保护力度不足等同样是我国存在的互联网金融风险问题之一。互联网金融在开展业务的过程中，交易信息往往通过网络来传输，在这个过程中信息是极有可能被篡改或盗取，而且交易行为往往是跨区域的，交易的主体不可能到现场去确认交易各方的身份是否合法，那么在监管力度不够和社会信用环境缺乏的条件下，就会发生消费者权益受损的情况。

由于互联网金融法律环境的缺乏和诚信体系的不完善，在交易中违约的成本很低，而且消费者在权益分配上是处在弱势的，如果风险事件发生，消费者将是互联网金融风险的首先承担者。况且，目前互联网金融还没有形成强大的自主性风险防御体系，面临监管缺失的格局，没有最后贷款人保护，如果产品违约，最终还是由消费者自己来买单。

此外，消费者隐私泄露、个人信息买卖等事件频出，二维码支付、快捷支付等无卡支付新技术也存在着风险隐患，这都将影响消费者对互联网金融的信心。

第二节　互联网金融信用风险的影响因素及来源

互联网金融的信用风险是指网络金融交易者在合约到期日未能履行约定契约中的义务而造成经济损失的风险，交易对手即受信人不能履行还本付息的责任而使授信人的预期收益与实际收益发生偏离的可能性。它被视为互联网金融风险的主要类型之一。与传统金融市场相比互联网金融市场是虚拟空间，因此互联网金融更易产生信用风险。

一、互联网金融信用风险影响因素识别

通过对其他学者关于该问题的文献研究与总结得出互联网金融的信用风险受内外部因素复合影响，具体参见下表所示。

互联网金融信用风险因果分析

互联网 金融信用 风险	内部 因素	授信评价对象	难以核实客户真实身份
		信息部门风险防控技术	金融风险防范技术落后
	外部 因素	经济因素	国家宏观经济政策
		社会因素	国民受教育程度低，且宣传不到位
		政治法律	金融法律体系不完善，金融机构监管力度不够

内部主要影响因素包括授信评价对象和信息部门风险防控技术；外部主要影响因素包括经济因素、政治法律因素与社会因素。在外部环境一定情况下，互联网金融应按照一定的模式进行营运，其金融活动的成果在一定程度上反映出经济、政治、社会的状况。

二、互联网金融信用风险影响因素具体分析

（一）金融机构征信系统

我国目前尚未建立较为完善的金融客户征信系统，客户诚信度难以被金融机构准确把握，经常出现借款客户的违约情况。特别就互联网金融来讲，由于借贷双方仅是通过虚拟网络进行交易，不能进行有效的会面交流，导致借款人恶意骗贷、卷款消失的现象时有发生。

（二）信息部门风险防控技术

由于金融机构信息安全技术水平较低，导致客户信息经常被泄露甚至被篡改，同时不法分子利用木马病毒攻击金融机构网上交易平台，并通过各种钓鱼网站实施金融诈骗等违法行为。这些来自网络的风险都极大的影响金融客户网上交易的信息与财产安全，使得潜在客户对互联网金融业务产生畏惧与抵触心理（ZintaS. Byrne，KylaJ. Dvorak，etc，2016），从而严重地影响互联网金融业务的顺利开展。

（三）实体经济发展状况

互联网金融发展的基石是实体经济，当实体经济因扩大发展规模而需要大量资金时，便会加速互联网金融发展步伐，因此互联网金融的创新与发展脱离实体经济也必将走上歧途。当然假若实体经济处于国家整体经济环境恶化阶段而持续走低时，互联网金融也会被影响，导致我国互联网金融系统运营混乱，从而加深互联网金融的信用风险程度（陆岷峰、杨亮，2016）。

（四）社会认知程度

一方面，互联网金融作为传统金融业务新模式，虽然近些年发展迅速，但广大百姓对其认知还远远不够，少数的群众将其仅仅理解为进行金融交易业务较为便捷的网上银行，且可以作为他们快速致富的工具，却没有真正意识到高额收益回报诱惑下隐藏着巨大的风险；另一方面，阳晓伟、魏家富等（2016）认为互联网金融作为一种新兴事物，其本身的操作涉及较高的技术含量，这些对于缺乏必要信息技术与金融知识的广大网民来讲是一种挑战，进而加大了互联网信用风险扩大的机率。

（五）法律制度

纵观我国互联网金融发展的现实法制环境，尚且没有针对互联网金融业专门的立法，同时我国现行的有关互联网金融法律法规操作性又不强，甚至满足不了目前互联网金融迅速发展的监管要求。赵春兰（2015）指出由于互联网金融机构的性质不能用准确的法律规范加以界定，导致诸多监管部门对互联网金融业务进行管理的乱象出现，反而致使网络资金的监管被处于立法真空地带，这也会直接加大互联网金融信用风险。

三、互联网金融信用风险来源

传统金融企业在信用风险方面研究较多，已经形成了比较完善的信用评估体系。虽然互联网的开放性减少了网络中信息的不对称，但这更多的是在需求对接等资源配置上的效率提升，而在识别互联网金融参与双方信用水平上并没有太大作用。同时，由于互联网本身的特点，互联网金融中借贷双方出现违约行为，都会形成互联网金融的信用风险，使其较传统金融行业更难控制。

（一）来自资金需求方的信用风险

由于互联网金融虚拟性的特点，交易双方互不见面，只是通过网络发生联系，这使对交易者的身份、交易的真实性验证的难度加大，增大了交易双方在身份确认、信用评价方面的信息不对称。同时，互联网金融发展历程短、进入门槛低，大部分企业缺乏专业的风险管理人员，不具备充分的风险管理能力和资质，加上网络贷款多是无抵押、无质押贷款，从而增大了信用风险。网络金融中的信用风险不仅来自交易方式的虚拟性，还存在社会信用体系的不完善而导致的违约可能性。由于我国的社会信用体系建设处于初级阶段，全国性的征信网络系统也还没有建立起来，加之互联网金融还未纳入央行征信系统，信用中介服务市场规模小，经营分散，而且行业整体水平不高，难以为互联网金融企业风险控制提供保障。

基于上述原因造成的信息不对称，互联网金融中存在一定的道德风险。客户可以更多地利用金融机构与自身信息不对称的优势进行证明信息造假，骗取贷款，或者在多家贷款机构取得贷款。

在经济中存在逆向选择问题，一般而言，有信用且优质的客户大多能从正规的金融机构获得低成本的资金，而那些资金需求难以满足的人群大多都成为互联网金融的主要客户，这部分人或者企业可能存在以下情况：信用存在问题、没有可抵押担保的资产，收入水平低或不稳定。

客户利用其信息不对称优势，通过身份造假、伪造资产和收入证明，从互联网金融企业获取贷款资金，互联网金融平台之间没有实现数据信息的共享，一个客户可能在多个平台进行融资，最后到期无法偿还而产生信用风险。如果违约金额大，涉及的客户数量多，则很可能引起公司倒闭，进而使其余投资者资金被套，无法追回。

（二）来自互联网金融企业的信用风险

互联网金融平台经营者可能通过虚假增信和虚假债权等手段骗取投资人的资金，隐瞒资金用途，拆东墙补西墙，最后演变成庞氏骗局，使投资人利益受损。以众筹平台为例，其主要的信用风险就是资金托管，只有取得《支付业务许可证》的非金融机构才能从事支付业务，而众筹平台不具备这样的资格。但在实际操作过程中，投资者将钱拨付到众筹平台的账户中，由平台将资金转到成功募集的项目上，而这个过程没有独立的第三方账户对资金进行托管，一旦平台出现信用问题，投资者就难以追回出资。

另外，任何金融产品都是对信用的风险定价，互联网金融产品如果没有信用担保，该行为风险就可能转嫁到整个社会。互联网金融中，无论是网贷平台还是众筹平台，其发行产品的风险无法由发行主体提供信用担保。如今很多网贷平台都引入担保公司作担保，且不说担保公司的注册资本能支撑多高的担保金额，其担保模式是否合法就存在很大问题，这种形式上的担保并不能减弱互联网金融的信贷风险。

据不完全统计，自 2013 年 10 月到 12 月的短短两个月时间，国内已有近40 家 P2P 网贷公司因为信用问题出现倒闭、挤兑、逾期提现、跑路事件。由此可见，互联网金融企业的信用风险是目前行业亟待解决的问题。

（三）来自信用信息的风险

大数据最大的价值在商业服务领域，企业通过大数据透视了用户深层次的特征和无法显现的内在需求。互联网金融企业通过数据挖掘与数据分析，获得个人与企业的信用信息，并将其作为信用评级及产品设计、推广的主要依据，这一做法是否侵犯了隐私权及其在中国的合法性也不能确定。

互联网时代，人们在网络上的一切行为都可以被服务方知晓，当用户浏览网页、发微博、逛社交网站、网络购物的时候，所有的一举一动实际上都被系统监测着。所有这些网络服务都会通过对用户信息的洞察获取商业利益，例如，用户在电商网站上浏览了冰箱，相关的冰箱销售广告就会在未来一段时间内推荐给用户；用户在社交网络上提到某种产品或服务，这类型的产品或服务就能主动找到用户。所有这种商业行为本质上就是机构通过对用户隐私的洞察来获取商业收益。

第三节　互联网金融信用风险预警概述

经济预警思想最早出现在 19 世纪末 20 世纪初，如法国学者用不同颜色表示各种经济状况的气象式经济研究等。而经济预警思想的正式提出是在 20 世纪 30 年代，西方经济学家在资本主义经历了全面、深刻的经济危机后，开始对资本主义经济产生了警惕，出现了经济预警方面的研究。一般来说，预警具有动态性、先觉性和深刻性，是基于当前和历史的信息，利用各项先行指标的发展趋势，以预测未来的发展状况，定性和定量地判断风险强弱程度，并通知监管部门及决策人员尽可能及时地采取应对措施，以规避风险、减少损失。

信用风险有广义和狭义之分。从狭义上来讲，信用风险通常是指信贷风险；广义上的信用风险是指所有因客户违约（不守信）所引起的风险，如资产业务中借款人不按时还本付息引起的资产质量恶化；负债业务中存款人大量提前取款形成挤兑，加剧支付困难；表外业务中交易对手违约引致或有负债转化为表内负债等。

金融风险预警主要是指运用各种反映金融风险警情、警兆、警源及变动趋势的组织形式、指标体系和预测方法等所构成的有机整体对金融风险进行监测的过程。金融风险预警的功能有：

1. 可以随时掌握金融机构动态，并有效评估其风险；

2. 可及早发现金融机构的问题及问题金融机构，并采取适当的监管措施；

3. 为检查重点及检查频率提供参考，以降低监管成本，提高金融监管效率。

互联网金融在很大程度上增加了金融的灵活性，但互联网金融也带来一定的风险，为使互联网金融健康安全发展，必须建立和完善互联网金融的风险预警系统。我国互联网金融创新步伐较快，而起步又相对较晚，其相应的监管措施尚未及时跟进，使得互联网金融的宏微观风险逐渐凸显。为了能更好地控制互联网金融存在的风险，我们必须建立一个以大数据为基础的互联网金融预警系统，从而保证互联网金融健康、安全地发展起来。

一、大数据分类

在互联网金融行业中，大数据贯穿了互联网金融。以第三方支付、P2P平台为代表的互联网金融模式借助于多渠道获取的上千条甚至上万条原始信息数据。目前，可被用于互联网金融风险预警的数据来源主要有六个方面。

（一）电商大数据。淘宝、腾讯、京东等电商拥有稳定、丰富的数据源。以阿里巴巴为例，它已利用丰富数据建立了面向社会的信用服务体系，芝麻信用通过分析自身积累的大量网络交易及行为数据，对用户进行信用评估。这些信用评估能够有效地帮助互联网金融企业对用户的还款能力做出结论，继而为用户提供相关的金融和经济服务。

（二）信用卡大数据。信用卡类网站的大数据同样对互联网金融的风险控制非常有价值。信用卡申请年份、是否通过、授信额度、卡片种类、还款金额、逾期还款次数、对优惠信息的关注等都能作为个人信用评级的参考数据。国内典型代表是 2013 年推出的信用风险管理平台"信用宝"，结合国外引入的 FICO 风控模型，从事互联网金融小额信贷业务。

（三）社交网站大数据。社交网站类的大数据是利用社交网络关系数据和朋友之间的相互信任来确定个人信用等级。以美国的 Lending Club 为例，它基于社交平台上的应用搭建借贷双方平台。

（四）小贷网站大数据。小贷网站类的大数据是各网站平台长期积累的信贷数据，包括借贷人基本信息、信贷额度、违约记录等。其中有数据统计的全国小贷平台有上千家，全国性比较知名的有陆金所、红岭等。

（五）第三方支付大数据。第三方支付类数据是基于用户的消费数据做信用分析，每月支付的额度、支付的方向、购买产品品牌等都可作为个人信用评级的参考依据。

（六）生活服务类大数据。生活服务类大数据包括水、电、煤气、有线电视、电话、网络费、物业费交纳等。这些数据真实反映了个人以及家庭基本信息，是信用评级中重要的数据。

二、互联网金融风险预警系统

（一）以数据为中心的体系设计原则

在互联网金融风险预警系统设计的过程中须遵循以下三点原则。

1. 系统性原则。互联网金融风险预警系统是一个针对互联网金融风险进行检测、预测以及预警的系统，是一个复杂的体系，这个体系涵盖了互联网金融行业的全部，所以在建立这个系统的时候应考虑每个参与者的利益。

2. 时效性原则。对于互联网金融行业的数据须及时处理，具有高效性的特点，所以在进行建立预警系统的时候要注意时限性，确保能够及时地发现风险及不足，这样才能有充足的时间去预防，避免出错，防止造成更大的损失。

3. 准确性原则。在建立该预警系统的过程中要保证数据的准确性才能准确的判断出互联网金融风险，避免对金融风险作出错误的估计，造成不必要的损失。

（二）以数据为中心的系统层级

结合以数据为中心的体系设计原则，预警体系涵盖了数据的收集、数据提取、数据分析和数据结果四个环节。在互联网金融预警系统分为四个层级：

1. 数据管理层

互联网金融预警系统是以数据为基础的，数据作为系统中的核心部分，是整个体系中的关键环节。企业在建立以数据为中心的互联网金融预警系统过程中，必须健全为企业服务的数据管理机制，建立与企业规模相匹配的数据中心，从而能有效地收集、整理、加工、存储数据，以便其他层级用户的使用。

2. 数据整合层

要从互联网金融的大数据中实现金融风险的预警，必须对金融风险有透彻的定义和认识。从金融风险的定义出发，确定分析需求，对数据进行重新整合，提取与之对应的分析数据。数据整合是保证分析结果可靠性、准确性必不可少的环节。

3. 数据分析层

数据分析是互联网金融风险管理控制的实施手段。全面的数据分析系统，应包括现行的指标体系、统计模型，及人工智能方法等功能。

4. 数据结果层

由数据分析层中得到的每一次预警，都须结合企业的经营管理状况、企业外部经济运行环境以及行业背景等进行分析，为企业决策管理者提供更完整的决策依据，从而减少企业为规避风险所产生的损益。

基于大数据的金融风险预警系统作为保障互联网金融正常运行的工具，在传统金融互联网化的时代背景下，将会得到快速的发展。

第三章　互联网金融信用风险预警模型的构建

互联网金融是近两年研究的热点问题。在文献研究的基础上，首次结合计划行为理论和创新扩散理论建构互联网金融理财行为模型，探讨互联网金融理财行为的形成过程。研究结果表明，互联网金融理财行为模型可以较好地解释民众互联网金融理财行为："理财目标"对"信息搜寻"具有明显影响，有61％的解释度；该模型同时解释了45％的"沟通交流"变量和47％的"理财意愿"变量；"沟通交流"与"理财意愿"之间存在着较显著的正相关关系。

第一节　互联网金融信用风险预警模型的概述

2008年由美国次贷危机引发的金融危机席卷全球，这次危机对世界上大多数国家的经济产生了很大的冲击。这次危机的发展速度和波及的范围是惊人的，不仅影响了一些新兴市场国家，还影响了很多发达国家。在这种情况下，有关金融危机预警方法的研究又一次引起人们的广泛关注。

按克罗凯特（A. Crockett）的定义，金融危机一般是指金融体系出现严重困难，绝大部分金融指标急剧恶化，各类金融资产价格暴跌，金融机构大量破产。而根据国际货币基金的分类，金融危机可以分为货币危机、银行危机和债务危机。货币危机是指某种货币受到投机性冲击导致货币大幅度贬值，迫使政府投入大量国际储备或急剧提高利率来保护本币。银行危机是指整个银行体系的危机，主要表现为银行系统不良资产大幅度增加，政府在这种情况下拿出大量的资金救助这些银行，从而导致大量银行国有化。债务危机是指国家无法偿还其主权债务或私人债务。目前，国内外大多数关于金融危机预警的研究都局限于货币危机。一些研究表明，在已经发生的危机中有70％左右是货币危机，并且金融危机一般开始时都会表现出货币危机的特点，进而导致银行危机和债务危机，最终导致整个金融市场的混乱。

1994 年墨西哥危机后，国外相继出现了几种危机预警方法，主要包括 Kaminsky 的"信号方法"、Frankel 的概率单位模型、Sachs 的截面回归模型等。此外，一些研究者进一步发展了这些方法，如国际货币基金组织研究部的发展中国家研究组的 DCSD 模型、Eicheng reen 的 Logit 模型等。这些模型虽然对样本内的预测有一定的效果，但在样本外却无法准确地预测出 2008 年的金融危机。危机发生后，Rose 又提出了用 MIMIC 模型建立金融危机预警系统，并通过实证研究证明这样建立的模型对于单一国家的预测是有效果的，但对于截面数据效果并不理想。

第二节　互联网金融信用风险预警指标体系构建

本文利用结构方程模型中的 MIMIC 模型建立我国的金融危机预警系统，并进行实证研究。MIMIC 模型全称为多指标多因素（multipleindicator multiple cause）模型，是结构方程模型的一种特殊形式。这一模型的特点一方面是模型中的内生变量可以不止一个，另一方面该模型可以计算出不可观测变量即潜在变量的值。

日新月异的互联网技术正深刻地改变着人们的生活：人们从传统的实体店购物转向互联网购物，从与银行柜员面对面的金融业务往来转向个人网上银行的金融服务，从顾客与商家现金的直接支付转向第三方支付等，这些变化促使了互联网金融的诞生和发展。在信息化浪潮伴随着大数据、云计算等新技术不断涌现的今天，互联网金融对社会和个人都产生了不可忽视的影响。

互联网金融有着很多传统金融无可比拟的优势：降低了交易成本、拓宽了地理交易范围、突破了传统银行存款利息的限制、提高了存取资金交易的灵活性、释放了民众的投资热情。然而，互联网金融更大的意义在于通过互联网技术对传统金融行业的商业运作模式进行重新整合，使大量游离于银行体系之外的人群能够以一种更为个性化与人性化的方式参与到金融行业的服务中。最有代表性的例子无疑是阿里巴巴推出的"余额宝"互联网金融理财产品。"余额宝"的成功使得互联网金融开始走进千家万户，逐渐被民众所熟知，中国也开始走进"全民理财"的时代。

互联网金融不仅是传统意义上金融技术的升级和更新，更重要的是参与方式的改变。"人"是互联网金融服务的核心，只有人人参与的互联网金融才能创造更大的价值，为更多的民众所服务。因此，研究参与主体"人"的行为模式对于互联网金融的意义就显得尤为重要和迫切了。

就普通民众而言，对互联网金融的认知一般是通过互联网金融进行个人理财，在短期内获得一定数额利息的收益。互联网金融理财行为属于社会学领域的范畴，其行为过程受到很多无法准确测量的潜在变量影响，如态度、主观规范、知觉行为控制等因素。若采用传统回归分析方法，必须对其进行多次的回归分析，不仅过程复杂，且容易产生统计概率决策错误膨胀，难以对这些潜在变量的相关关系进行精确测量，而结构方程模型则为解决这类问题提供了很好的分析工具。结构方程模型通过同时估计一系列方程式，避免造成几率膨胀问题。互联网金融机构通过该模型可以更准确地定位普通民众的理财心理，深入了解民众对于互联网金融理财的影响，从而为金融机构的战略规划提供决策参考。从这个角度来说，本文具有理论与实践的双重意义。

通过查阅国内外的研究文献，可以看出，学者们从不同角度对互联网金融以及互联网理财产品风险等方面进行了大量的研究，在很大程度上为互联网理财产品的继承性研究奠定了理论基础。同时，通过回顾众多学者对互联网金融的相关研究，不难得出当前关于互联网金融方面的研究俨然已成为金融领域的热点和焦点课题之一。然而通过对国内外文献的阅读和梳理，发现目前国内外学者对互联网金融的研究比较侧重于经营模式分类、对商业银行的影响、存在的风险及监管等方面的研究，其中关于风险方面的研究主要是定性理论研究。而在对风险评估的相关研究中，多以互联网金融整个行业为主体对象，以互联网理财产品单一种类为研究对象的研究却少有涉足。总之，对互联网理财产品的风险预警与管控机制研究是比较缺乏的，特别是在信用风险预警方面。

一、互联网金融风险指标分析

所谓互联网金融风险是指金融与互联网在相互渗透的过程中，金融业务所面临的各种风险的总称。它提供了一种与过去有所不同的创新型金融产品，正因如此，除了面临传统商业银行存在的违约风险、流动性风险、利率风险外，还面临着以往所没有的法律、操作系统、技术等方面的特殊风险。杨虎，易丹辉等（2014）认为通过运用大数据管理工具和分析方法，可以提前注意到潜在的互联网金融风险，并为互联网金融企业提供相关管控依据，降低风险发生率，预防风险的发生。毫无疑问，这对互联网金融企业的健康、可持续发展有着极大的积极意义。同时，文中还阐述了运用用户操作行为数据及文本、用户、交易数据等数据指标来构建合理的互联网金融预警体系，相信在数据基础上建立的预警体系会更加可靠且具有更高的参考价值。徐庆炜（2014）指出现有的《保险法》《银行法》等法律都是基于传统的金融机构设立的。然而互联网虽具有较强的灵活性，但缺乏金融方面的严谨、审慎性，使得现行的法律无法很好的适应互联网灵活性强的特点，最终导致监管产生漏洞，从而抑制互联网金融的发展。李东卫（2014）认为互联网金融的风险包括法律风险，也就是没有可以为之参考的法律框架和相关的的法律界定，如果出现了法律上的纠纷，难以有效保护双方的权利；监管风险，又被分为准入、经营和退出三个方面；信息风险，主要体现在大数据时代对用户信息数据的收集，而收集的数据如果发生泄漏，广大用户将会面临隐私数据被不法分子违规利用的风险；资金风险包括资金的安全问题和非法集资问题，如洗钱等不法行为。李丹（2014）将互联网金融风险划分为互联网风险和金融风险两方面。同时认为传统金融业中常见的风险类别仍然存在于互联网金融领域，但互联网的高虚拟、高速度性也带来了额外的数据获取等方面的风险。数据是建立分析模型的基础，客户所产生的数据数不胜数，数据的有效性、准确性，都需要反复的追踪和验证才能得出；技术缺陷风险一般是指那些执行中产生偏差引起成本控制错配等问题所带来的风险；迷信速度风险，互联网金融也有具有互联网追求速度的属性特征。但在金融业，极小的差错都可能带来巨大的损失，因此要综合考虑速度与质量问题，避免因速度过快导致质量下降，进而产生不可弥补的系统性风险；众多风险中，网络安全风险最应重点防范，而这种风险主要由账户信息泄露造成，通过加强账户所有者的隐私保护可以有效防范此类风险。熊欢彦（2014）通过研究分析将互联网金融风险分为市场选择风险、技术风险、操作风险、以及法律风险。李敏（2007）认为第三方支付面临着流动性风险、市场风险，政策性风险、法律风险、信用风险，而风险主要来源于监管的空白和信用的模糊。艾金娣（2012）认为监管措施的空白正是由于平台准入条件不明确造成的。再有就是信用风险明显，由于经营业务为借贷款，需要考察借款人的信用状况从而进行差别定价。网络理财风险则是要严防那些由于期限错配所导致的流动性风险。彭颖、张友棠（2016）从风险预警管理角度出发，基于云金融视阈，认为互联网金融企业面临的风险为技术风险、政策法律风险、商业风险。其中，政策法律风险可细化到国家、行业和机构层面，商业风险可细分为市场风险、信誉风险和操作风险。技术风险又可细分为技术选择风险和安全风险。其中利率风险（贷款利率、银行间市场同业拆借月加权平均利率、准备金率、存款利率）、流动性指标（流动性缺口率、流动性比率、资本收益率）、安全性指标（逾期贷款率、不良贷款率）是市场风险的主要指标。熊欢彦、刘剑桥（2014）认为，互联网金融结合了互联网技术与金融两方面的内容，使得互联网金融的存在极大的扩展了传统金融的业务范围，降低了金融成本，提升了业务处理速度。但它也存在着不可忽视的金融风险，主要体现于：业务风险（法律风险、操作风险、市场选择风险）、技术风险（系统性的安全风险、技术支持风险、技术选择风险）。姚国章等（2015）详细识别了互联网金融风险后，将其分为操作不规范引起的操作风险、技术研发和安全问题引起的技术风险、违约和欺诈问题引发的信用风险、运营风险（具体包括期限错配引发的风险、资金平衡引发的风险、关联性引发的风险、利益协调体制不完善的风险、流动引发的风险、市场选择引发的风险）、法律监管风险（具体包括监管不到位引发的风险、法律法规不完善引发的风险、主体资格合法方面的风险、洗钱套现方面的风险）、其他风险（如道德风险、认知类风险、舆论风险）。鄂奕洲（2016）将互联网金融风险分为系统性和非系统性风险，系统性风险又被分为宏观环境与政策维度产生的风险（宏观环境、行业系统、货币政策风险）、信息技术维度风险产生的风险（技术安全、技术支持风险）两种；另一方面又将非系统风险分为操作运营维度产生的风险（法律合规、业务流程、具体操作风险）、参与主体维度产生的风险（战略、信用及声誉风险）。童心雨（2017）指出同传统意义上的金融活动比较来看，互联网金融在搜集、整理与保存各类客户信息、产品以及客户交易信息等方面相比传统金融活动表现的更好，且能更全面的储存客户在网络中进行产品交易、服务所产生的各类数据信息。因此基于大数据视角下的用户数据、交易数据、文本数据成为了衡量互联网金融风险的重要指标。可见，互联网金融风险较传统金融的风险还是有所改变的，首先就是种类的增加，增加了由互联网操作技术产生的技术风险；其次是各类风险的权重发生了改变，传统金融活动中的主要风险是信用风险，而在互联网金融中，尽管信用风险较大，但操作风险却更加不可小觑。正因互联网金融风险存在着高传染性、虚拟性、跨界性的特征，我们才更加需要辨别风险的各种类型，建立更为全面有效的防控体系，严防系统性风险的发生。

二、互联网金融信用风险指标分析

通过对互联网金融风险相关文献的研究梳理发现，互联网金融中最关键、最主要的风险就是信用风险。当金融行业在做相关决策时，信用风险是其考虑的重要因素。一旦互联网公司出现了违约，相关投资者就难以获得预期收益，从而就会对整个行业的发展产生不利影响。

张弘（2016）对信用性风险进行评估时，就是采用了以公司资产价值的波动率以及公司资产预期增长率为基础，并且通过计算资产和负债的关系以及评估公司违约性的方法。相关指标为公司的股权价值、债务价值、资产价值、违约距离、预期违约概率。车家翠（2016）在其研究中衡量信用风险时，将互联网金融企业的盈利能力、偿债能力、经营能力以及发展能力作为衡量指标来权衡。主要衡量指标包含的内容分别为，盈利能力：净资产收益率、净利润增长率；偿债能力：或有负债、净资产、资产负债率、流动比率；经营能力：纳税情况、销售增长率、应收账款周转天数；发展能力：主营利润增长率、主营业务增长率；现金流量：现金流动负债比率、盈余现金保障倍数。孙小丽、彭龙（2013）在研究中提出，风险评估中的关键性数据指标主要有测算违约距离DD 和 EDF、负债、公司股权价值、资产价值波动性、无风险利率以及资产价值。李宇（2016）以借款人信用等级状况、借款金额大小、借款人债务/收入比、借款利率和当期逾期金额来衡量企业借款人的信用状况；以个人房贷数量、个人信用卡数量、违约次数等定性指标来衡量个人借款人的信用情况；以借款平台的品牌、分散度、人气、成交量、透明度、营收、流动性、杠杆、安全性、收益性、偿兑性、成长性、营运性、背景实力、运营能力、风险控制、信息披露、社会责任等来衡量平台自身的信用风险。钟凡（2014）提出，借款者的硬信息作为传统借贷业务的主要依据，主要包括企业的资产负债率、借款者的信用层级、学历、年龄等个人基本信息为主的硬信息，还包括借款者的社会关系，例如借款者的亲朋好友以及常用的社交软件等软信息；逾期客户风险程度的指标为逾期天数及逾期金额，逾期账户占比和迁徙率，贷款组合中逾期客户的构成情况及客户还款情况等作为信用风险的测量指标。彭承亮（2016）提出，借款人的信用风险是金融平台应该关注的问题之一，例如借款人的还款能力、资金运用情况以及道德品质等等。其中主要指标为，衡量借款人的道德品质的指标有：历史信用状况如在平台历史发布借款次数、成功借款次数、逾期次数，纳税情况，信用卡还款记录等；其他可考量的指标如学历、年龄、性别、婚姻状况等；衡量借款人的还款能力的指标有：当前收入状况：如个人的工作收入，企业的历年净利润等；当前具有的资产：如个人的房产、车辆，企业的应收账款、固定资产等；未来的预期现金流：如个人所从事的行业以及工作能力，企业的经营状况，行业前景等；借款人的资金运用：个人用于应急、投资（关注投资领域的风险）、购买奢侈品等，企业用于扩大生产经营、解决债务危机、投资（关注投资领域的风险）等。王莹（2016）研究表明信用风险主要体现在四个方面，1. 风险控制：前十大借款人待还金额占比、第三方征信、前十大投资人待收金额占比、平均借款周期、人均投资金额、IT 系统支持、保障模式、人均借款金额；2. 平台背景：Alexa 排名、所有制背景、管理团队、注册资本、运营时间、风投入股、注册城市；3. 信息透明：借款项目叙述、借款人信息、借款人信用评级公布、平台证照；4. 运营能力：平均利率、借款人数、投资人数、借款标数、时间加权成交量、月成交量、未来 30 日资金净流入。仇晓霞（2015）将网络借贷平台信用评级定性指标分为两级，分别为：一级指标：经营环境。二级指标：经济环境、行业竞争、政策措施、公司地位；一级指标：基础实力。二级指标：平台实力、资金实力；一级指标：内部控制机制。二级指标：技术实力、风险控制、资金托管；一级指标：信息披露。二级指标：理财端、公众端；一级指标：用户体验。二级指标：客服服务、资金流动性、投资便捷性；一级指标：遵纪守法。二级指标：PZP 网络借贷平台行为合规、监管条例贯彻。张亦婷、罗婧钰等（2017）将信用风险指标分为，个体情况中的个人收入、平均月消费额、消费结构、家庭年收入、资产结构（流动资金比重）、受教育程度、未还贷款金额、待还款期限、还款成功率。还款方式、利率和贷款金额是项目情况中包含的三项指标。

三、互联网金融信用风险预警指标的选用

本文通过对有关互联网金融风险文献的梳理，特别是对信用风险预警指标的分析，发现大部分都是通过定性分析来识别互联网金融信用风险的，在定量方面的分析比较匮乏。本文拟通过构建互联网金融信用风险结构方程预警模型，定量分析信用风险的成因及控制，弥补定量分析的不足。

（一）构建互联网金融信用风险评估指标体系

1. 指标选取原则

为了确保所选取的指标能够准确、科学并且全面的反映出互联网金融风险的基本情况，在选取预警指标时，主要依据如下几个原则进行：

（1）所选取的指标应该是全面的。作为新生事物，就其特点而言，互联网金融既有互联网的属性，也有金融的属性。所以，本文在研究中，不仅考虑到微观与宏观影响因素，在此基础上设置一定的指标全面反映互联网金融潜在的信用风险，通过制定监管体系，为研究与互联网金融有关的发展模式的预警提供一定的参考。

（2）所选取的指标应该是重要的。根据信用风险的主要特征，设置不同的信用风险指标，这些指标对金融所产生的影响或者作用也是不同的。因此，在选取指标时，应该注重指标的经济意义，保证该指标具有十分重要的作用，能够从根本上影响互联网金融的发展与运营，并能够为该行业的发展提供方向。

（3）所选取的指标应该是灵敏的。在传统金融的基础上，通过结合互联网最终形成互联网金融，这就使得其不可避免的存在金融属性。和传统金融类似，在研究互联网金融信用风险预警时应该十分注重它的准确性以及实效性。同时，由于互联网发展速度非常快，存在一定的监管缺陷，监管不到位的风险会快速变化。所以，为了避免出现问题，需要十分注重选取指标的灵敏性特征。

（4）所选取的指标应该是可操作的。互联网金融作为新金融模式，发展时间短、速度快、涉众广，还没有建立起与之相对应的监管体系，相应的征信系统也需要进一步完善。因此，在选取数据和指标时难度较大，为了更好的研究互联网金融风险评估问题，本文选取的可量化的指标及可模糊综合评价的定性指标，具有较强的可操作性以及可控性。

（5）所选取的指标应该是动态连续的。选择互联网金融信用风险的相关指标，主要是为了评估信用风险的客观情况以及建立与之对应的预警机制，促进互联网金融行业健康持续发展。因此，在选取指标时，应该注重这些指标的连续性，同时能够全面反映经济金融的发展变化情况，这就对指标的动态性提出一定的要求。

2. 指标体系建立

根据对相关文献的梳理，发现信用风险主要来自于三个方面，即国家方面、平台方面和借款人方面。

国家方面为宏观经济层面指标，宏观经济金融环境的稳健是互联网金融行业健康发展的基本保障。而在互联网金融行业飞速发展的同时，国内对其相应的政策还不明确、配套的法律法规还不完善、监管层的职责仍不清晰。基于这些问题的存在，加上目前我国经济金融体制处于深化改革和创新之中，互联网金融机构对经济政策法律法规的出台和实施具有高度的敏感性，因为这一因素指标很可能直接决定理财产品的存亡，从这角度来看，宏观经济层面指标风险相对其他指标来讲，更具有前瞻预警作用。

基于以上分析，结合国内外相关研究文献，本文构建的互联网金融信用风险预警指标体系中的宏观经济层面指标涵盖法律监管，政策监管及惩罚程度三个方面。

互联网金融平台方面：互联网理财产品作为一种新型业态，行业准入门槛低，行业内企业发展良莠不齐，这种新业态的不规范发展，使得行业自身必然蕴藏着风险，基于以上分析，平台自身信用风险主要与其平台规模、风险控制、信息披露和信息技术安全有关。

借款人方面：借款人分为个人借款人和企业借款人。通过查阅大量文献发现，个人借款人的信用好坏主要是由其职业、收入及学历决定，但同时个人的借款违约历史也是说明其信用好坏的主要指标；企业借款人的信用大多与其所处行业、盈利能力、资金用途和发展前景有关，且其之前是否存在借款违约现象也体现着企业借款人的信用高低。

信用风险 指标体系	国家监 管方面	法律监管
		政策监管
		惩罚程度
	平台自 身状况	平台规模
		信用评级标准
		信用评级内容涉及范围
		信用审核程序完善程度
		是否有第三方担保机构
		信息技术安全
		信息披露程度
		借款利率
		平台坏账率
		借款违约率
		不良资产率
	借款人信用 （个人）	收入
		职业
		学历
		违约史
	借款人信用 （企业）	资金用途
		违约史
		所处行业
		盈利能力
		发展前景

第三节　互联网金融信用风险预警模型

一、MIMIC 模型

结构方程模型也被称为潜在变量模型（latentv ariable model，简称 LVM），是 20 世纪 70 年代由统计学家 Karl G . Jo resko 提出的，被称为近年来统计学的三大发展之一。结构方程模型在心理学和社会学中得到广泛的应用，而近几年这一模型也被运用于管理学和经济学的研究中。结构方程模型的优势就在于可以利用一些可观测变量来为那些不可观测的变量打分，MIMIC 模型就是结构方程模型的一种特殊形式。

MIMIC 模型是由 Goldberger 引入经济学研究的，Gertler 对此模型进行了很好的扩展并得到理想的实证结果。按照 Gertler 的定义，MIMIC 模型可以用下式表示：

$$y_i \cdot_{,j} = \beta_j \xi_i + \upsilon_i \cdot_{,j}$$
$$\xi_i = \gamma_k x_{i,k} + \zeta_i$$

式中：$y_{i,j}$ 为 i 时第 j 个内生变量的观测值；$x_{i,k}$ 为 i 时第 k 个外生变量的观测值；ξ_i 为 i 时潜在变量的得分，在本文中这一指标可以描述为危机的强度；β 和 γ 为系数向量；υ 和 ζ 为误差项。将 $\xi_i = \gamma_k x_{i,k} + \xi_i$ 带入 $y_{i,j} = \beta_j \xi_i + \upsilon_{i,j}$ 可得

$$Y = \prod{}' X + \varepsilon$$

式中 $\varepsilon = \beta\xi + \upsilon$，$\prod{}' = \gamma\beta'$。假设 υ 和 ξ 都服从正态分布且相互独立，即 $E(\xi) = E(\upsilon_j) = 0$，$E(\xi^2) = \sigma^2$，$\eta = B\eta + \Gamma\xi + \zeta$，则有 ξ

MIMIC 模型的求解思路是，设 ε_i 为含有未知参数的协方差矩阵 δ_j，这一总体协方差矩阵可以用样本协方差矩阵 $\sum$ 代替，即使 ζ_i，从而可以求得未知参数，再代入 $\xi_i = \gamma_k x_{i,k} + \xi_i$ 中即可求得潜在变量的得分。

关于变量的选择，一些现有的研究表明，建立 MIMIC 模型的前提是对可测变量的恰当选择，即内生变量和外生变量的选择。Thomas 指出使用 MIMIC 模型的唯一约束在于可测变量的选择，可测变量的选择是否科学是该模型能否有效的关键。

1. 内生变量的选择

在本文建立的基于 MIMIC 模型的金融危机预警系统中，内生变量应为金融危机的主要表现，即这些变量应能够反映危机的强度。然而 Berg 的研究表明，无论采用任何方法对危机强度度量的误差都是必然存在的。Rose 对 107 个国家 2008 年的主要金融指标进行了比较研究，发现那些受危机影响比较大的国家在 2008 年有 4 个指标发生了严重的恶化，分别是权益资产价格、实际有效汇率、国内生产总值和公司商誉。因此，在他们的研究中就以这 4 个指标的变化率作为内生变量来反映危机的强度。由于商誉的度量有一定的难度，本文选择前 3 个指标作为模型中的内生变量来反映金融危机的强度，即实际 GDP 变化率、股价变化率和实际有效汇率变化率。

2. 外生变量的选择

关于金融危机预警指标选择的研究有很多，其中 Kaminsky 根据 25 篇关于外汇危机研究中所用到的指标总结出一个包含六大类 103 个指标在内的比较完整的指标体系。这一指标体系十分全面，目前大部分国内外的研究中所用到的指标基本都包含其中。Kaminsky 等人选择了其中的 15 个主要指标进行研究，并根据信号方法得到其中表现较好的 8 个指标。

根据以上的指标体系和 Kaminsky 等人的研究成果，再参考刘志强建立的指标体系，本文建立的 MIMIC 模型包括 7 个外生变量，即国际储备、实际有效汇率高估、出口、贸易条件、信贷增长、实际利率和 M2 国际储备。其中实际有效汇率高估是指实际有效汇率与其时间趋势间的偏离百分比，贸易条件为当年进出口额的差，实际利率为名义利率减去通货膨胀率。

二、基于 Credit Risk＋模型的互联网金融信用风险研究

前文对互联网金融信贷平台的信用、影响信贷的信用等级等因素进行了理论推导和实证分析。而且还就网络复杂性对金融风险传播的影响建立多种群侵入模型，并对模型进行了模拟分析。分析结果表明，互联网金融凭借网络化、虚拟化、便捷化和开放性的优势，一定程度上颠覆了传统金融体系的业务运作模式，实现了模式创新，突破了行业、地域和时间的限制，并能够提供个性化和人性化的服务。但互联网金融体系在不断扩张的同时很可能会形成复杂网络结构（特别是无标度网络），而按照建立的多种群侵入模型，此时很可能导致"违约行为"大范围扩散的风险。互联网金融信用风险不仅会使投资者失去投

资信心，还会损害到投资者和信贷平台的利益。一些互联网金融企业能否历经经济周期和行业变迁的考验，还不得而知。目前，学术界有关互联网金融中的信用风险预警、防范方面的研究，和互联网金融的业务发展一样，也处在初级阶段。作为一种产业融合的金融创新，互联网金融如何实现健康、有序的发展，是监管部门需要着力研究的关键。因此，加强对互联网金融信用风险的分析、防范可能出现的危机，已成为其稳健发展的重中之重。

（一）互联网金融风险剖析与模型化研究

1. 互联网金融风险的来源与识别

互联网金融毕竟与传统金融发展模式有所不同，因此，在其风险属性上，也呈现出不同的特点。一方面，互联网金融通过引入大数据、云计算、社区网络等先进技术，对收集、积累到的各种类型数据进行深入分析，在一定程度上提高了金融风险管理水平（郑联盛，2014）。但另一方面，作为一种跨界的金融渠道的创新模式，互联网金融不仅继承、延续了互联网、金融各自领域的风险，还有可能出现产业融合后增生出的新风险，这种增生的风险主要体现在其跨界性、碎片化和不同以往的传染性上（王汉君，2013）。网络技术在金融行业应用的不够成熟，对于互联网金融起到市场规范作用的法律法规不够完善，再加上相关职能部门对互联网金融的监管力度不到位等问题，都使得互联网金融所面临的风险可能比传统金融体系更加严峻（刘楠楠，2014）。进一步地，Sujit（2000）对多边网络清算支付系统的系统风险进行了分析，并指出了如何规避。

张玉喜（2002）把互联网金融的信用风险主要归咎于互联网金融活动的虚拟性和社会信用体系的不完善所引致的信贷违约可能性两个方面。金融交易在互联网上发生，这在一定程度上增大了交易者之间在身份确认、信用评价方面的信息不对称，交易的真实性也难以保证。比如，2014 年 8 月发生的"红岭创投"信贷人集体失联事件（涉及 4567 位投资者的 1 亿多元投资，人均投资金额 2.19 万元。）就把互联网金融推到风口浪尖。信用体系的缺失，导致在欧美国家并不常见的互联网金融担保在国内却成为 P2P 网络信贷平台最流行的范式（莫易娴，2014）。另外，互联网金融中的金融组织由于没有受到全面有效的监管，消费者保护机制存在缺位，也可能出现金融组织引致的信用风险。比如网贷公司酷跑金融就曾于 2013 年 5 月 15 日跑路。再如，北京首家 P2P 网络信贷网站"网金宝"（2014 年 2 月上线）上线 4 个月实际吸纳资金数额超过

500 万元，但到当年 6 月份，网站无法打开，客服无人接听，200 多位投资者组团维权。这说明，信用风险作为传统金融风险中的主要风险，在中国互联网金融发展模式中被突显（袁翌，2014）。

互联网金融仍规避不了经营风险（Yan J，2013）。比如，著名的哈哈贷在成立 2 年后的 2011 年因资金问题被迫关闭，众贷网（2013 年 4 月 2 日倒闭，运行不到一个月）、铀利亚（2013 年 6 月倒闭）、黄山资本（2013 年 9 月倒闭）也都因经营不善而相继倒闭。对于互联网金融信贷平台和网上支付而言，也面临着诸多风险。比如，"中财在线" P2P 平台自主研发的互联网系统于 2013 年 7 月 6 日遭 hacker 攻击，不幸的是，数百用户隐私被泄漏。这类事件不断发生，再比如在 2013 年 9 月，木马病毒"弼马温"对网银支付进行数据劫持，致使很多客户遭受了数量不一的资金损失。

对于近几年在中国发展风头正劲的基于电商的互联网金融，虽然电商小贷能够基于多年积累的广大消费者的消费数据和电子商务平台上相关行业客户的经营以及销量进行深度数据挖掘，但依然缺乏大市场分析能力，这意味着电商小贷的风控短板依然存在，并不能从根本上解决信息不对称和信用风险问题（李文龙，2013）。比如，作为电商翘楚的阿里巴巴旗下的支付宝搜索引擎就曾于 2013 年 3 月出现系统漏洞，被人恶意利用，大量的用户隐私数据被泄露。由此可见，互联网金融持续发生的系统风险为国家、企业和投资者敲响了安全防范的警钟。

三、基于 Credit Risk＋互联网金融信用风险估计

（一）模型的使用情况

互联网金融信用体系是金融信用和企业商业信用的有效融合，健全的体系将会提升社会资源配置效率（谢清河，2013）。下面从互联网金融信用风险与 Credit Risk＋模型发展与运用情况进行文献分析。孙小丽（2013）把 KMV 模型应用于对企业信用风险的评估，证明了模型的可行性。柳树和钟洁（2014）通过构建互联网金融模型，利用基于蒙特卡洛模拟生成的大数据进行了实验，结果表明，模拟实例的风险性存在差异性，通过互联网金融风险模型化，具有极强的抗风险性。

CSFB 的 Credit Risk＋模型是一种典型的违约模型，本节打算借助 Credit Risk＋模型对互联网金融信用风险进行研究。Credit Risk＋模型（1997）是由

Credit Suisse First Boston Bank（CSFB）推出的信用风险度量模型。CSFB 模型假设不存在市场风险，违约被看作是相互独立的连续变量，用泊松分布模拟违约事件分布，通过频带划分和相关递推式，得出贷款组合非预期损失。此后，Crouhy（2000）、梁世栋等（2002）分别从不同角度将该模型与其他模型进行了比较。朱小宗（2006）、曹道胜（2006）对模型在中国的适用性进行分析，得出了不一致的结论。Gordy（2002）、蔡风景（2004）、汪飞星等（2013）使用不同方法刻画了模型中违约损失的变化。但吕志华等（2011）认为模型用泊松分布模拟违约事件分布可能会导致贷款组合风险水平被高估。学术界还对模型中行业风险因子彼此独立的假设进行了修正。比如 Giese（2003）通过在 CSFB 模型中引入新的随机变量以影响行业风险因子的形参数，使之不再相互独立，提出了复合伽玛 Credit Risk＋模型。接着，Iyer 等（2005）提出两阶段 Credit Risk＋模型，模型最大特点是引入系统风险因子。该模型的缺陷是忽视了行业风险因子内在特性，可能会使结果出现较大误差。彭建刚等（2009）对以往的模型进行了系统总结，认为这些模型都没能很好地解决行业风险因子间的相关性问题，在以往模型基础上，提出了多元系统风险 Credit Risk＋模型。

通过文献梳理可看出，理论界对互联网金融信用风险的研究主要在定性方面，定量分析还较少，基于行业的信贷风险评估的研究基本没有。并且，Credit Risk＋模型从提出之初，一直被用于商业银行的信贷风险估量上，模型本身在研究中也不断演变被完善。那么，中国目前互联网金融信贷信用风险程度到底如何？Credit Risk＋模型是否同样也适用于互联网金融的信用风险评估？不同类型模型的评估效果怎样？这些问题都需要进一步地研究。

（二）研究框架设计

①风险度量的 VaR 方法

在金融体系中，风险无处不在。风险度量的模型化，实质上是把一个代表风险的随机变量，转化为一个实际值的过程，选择合适的度量函数是其核心问题。一般这一过程可刻画为：$r=\rho(X)$，X 表示随机损失，r 为风险度量值。标准差、方差、VaR 等都是常见的风险度量方法。其中 VaR 方法求得的是在一定置信水平下的最大可能损失。在此过程中，假设风险的累积分布函数为 $F(x)$，可把 VaR（α）表述成 Prob $\{X\leqslant\text{VaR}(a)\}=a$ 或 VaR（a）= Min $\{x\mid F(x)\geqslant a\}$。

②CSFB Credit Risk＋模型

CSFB CreditRisk＋模型由瑞士波士顿第一银行（Credit Suisse Financial Product，CSFP）于 1998 年提出，是 Credit Risk＋模型体系的"原始版本"，其后的所有系列 Credit Risk＋模型都是对该模型的改进。CSFB 模型主要用于评估每个期末金融机构所承受的信用风险，该模型又称为两状态模型，因其考虑的是违约（损失发生）或非违约两种情形。Credit Risk＋模型把整个过程分为两个阶段来计算，推导出信贷组合的违约损失分布，进而实施风险管理，这个过程涉及三个模块。

第一阶段包括违约的频率和损失的程度，其中前者涉及到信贷的违约率和违约率的波动性，信贷的违约率和违约率的波动性与信用评级对应的违约率有关（辛欣，2007）。后者涉及到暴露和回收率。由第一阶段的内容进而确定违约损失的概率分布。下面介绍模型的主要设定。

CSFB 模型假设期间内违约是随机行为，概率不变，贷款组合中每笔贷款违约概率很小（张丽寒，2008）。违约是一个有着一定概率分布的连续变量（辛欣，2007）。行业风险因子 $\gamma = (\gamma_1, \gamma_2, \cdots, \gamma_k)$ 相互独立，服从均值为 1、方差为 σ_k^2 的伽玛分布，α_k 和 β_k 为形参数和规模参数。受其影响，假设债务人为 A，其无条件违约概率 P_A，则其违约概率即为：$P_A(\gamma) = P_A \sum_{k-1}^{k} g_k^A \gamma_k$，其中，$\sum_{k-1}^{k} g_k^A = 1$，$k = 1, 2, \cdots, K$。进一步地，得到该债务人违约概率生成函数：

$$G_A(Z \mid \gamma) = 1 - P_A(\gamma) + P_A(\gamma) Z^{V_A} = 1 + P_A(\gamma)(Z^{V_A} - 1) \approx e^{P_A(\gamma)(Z^{V_A} - 1)}$$

考虑到不同债务人条件独立，违约事件相互独立，则得到贷款组合的概率生成函数：

$$G(Z \mid \gamma) = \prod_A G_A(Z) = \prod_A e^{P_A(\gamma)(Z^{V_A} - 1)}$$

$$= e^{\sum_A P_A(\gamma)(Z^{V_A} - 1)} = e^{\sum_A P_A \sum_{k-1}^{k} g_k^A \gamma_k (Z^{V_A} - 1)} = e^{\sum_{k-1}^{k} \gamma_K P_K(z)}$$

其中，$P_k(z) = \sum_A g_k^A p_A (Z^{V_A} - 1)$。则得：

$$G(z) = \int_0^\infty \cdots \int_0^\infty e^{\sum_{k-1}^{k} \gamma_k P_k(z)} \prod_{k-1}^{K} g_{a_k \cdot \beta_k}(\gamma_k) d\gamma_1 \cdots d\gamma_K$$

其中，$g\alpha_k \beta_k (\gamma_k)$ 为 γ_k 的概率密度。进一步可得：

$$G(z) = \prod_{k-1}^{k} \frac{1}{(1 - \beta_k P_K(Z))^{a_k}} = e^{-\sum_{k-1}^{k} a_k \ln(1 - \beta_k P_k(z))}$$

因 $\alpha_k = \frac{1}{\sigma_k^2}$, $\beta_k = \sigma_k^2$, 则得:

$$G(z) = e^{-\sum\limits_{k=1}^{k} \frac{1}{2\sigma_k^2}\ln(1-\sigma_k^2 P_k(z))}$$

③ 复合伽玛 *Credit Risk* ＋模型

在 *CSFB* 模型基础上, 复合伽玛模型引入随机变量 γ_0, 其服从均值为 1、方差为 σ^2 的伽玛分布。行业风险因子因 γ_0 不再相互独立, 其形参数为 $\alpha_k = \gamma_0 \overline{a_k}$, $\overline{a_k}$ 为常数。债务人 A 违约概率同 *CSFB Credit Risk* ＋模型, 其违约损失概率生成函数为:

$$G(z \mid \gamma_0, \gamma_1, \cdots, \gamma_k) = \prod_A G_A(z \mid \gamma_0, \gamma_1, \cdots, \gamma_k)$$
$$= \prod_A e^{P_A \sum\limits_{k=1}^{k} g_k^A \gamma_k (z^{v_A} - 1)} = e^{\sum\limits_{k=1}^{k} \gamma_k P_k(z)}$$

其中, $P_k(z) = \sum\limits_A g_k^A P_A(Z^{v_A} - 1)$。则得:

$$G(z \mid \gamma_0) = \int_0^\infty \cdots \int_0^\infty e^{\sum\limits_{k=1}^{k} \gamma_k P_k(z)} \prod_{k=1}^{K} g_{a_k, \beta_k}(\gamma_k) d\gamma_1 \cdots d\gamma_k$$
$$= \prod_{k=1}^{K} \frac{1}{(1 - \beta_k P_k(z))^{a_k}}$$

由 γ_0 服从伽玛分布, 则:

$$G(z) = \int_0^\infty e^{\gamma_0 \left[-\sum\limits_{k=1}^{k} \frac{1}{\beta_k}\ln(1-\beta_k P_k(z)) \right]} \times g_{a,\beta}(\gamma_0) d\gamma_0$$
$$= e^{-a \left[1 + \beta(\sum\limits_{k=1}^{k} \frac{1}{\beta_k}\ln(1-\beta_k P_k(z))) \right]}$$

因 $\alpha = \frac{1}{\sigma^2}$, $\beta = \sigma^2$, 可得:

$$G(z) = e^{-\frac{1}{\sigma^2}\ln(1+\sigma^2(\sum\limits_{k=1}^{k} \frac{1}{\beta_k}\ln(1-\beta_k P_k(z))))}$$

且存在 $\sigma^2 = \begin{cases} \sigma^2, & k \neq 1 \\ \beta_k + \sigma^2, & k = 1 \end{cases}$ 成立, 且存在, 当 $k \neq l$ 时, $\sigma_{kl} = \sigma^2$, 行业风险因子协方差等于 γ_0 的方差 σ^2, 这可能与现实不相符合; 而当 $k = l$ 时, 则有 $\sigma_{kk} > \sigma^2$。

④ 两阶段 Credit Risk ＋模型

在两阶段模型中, 考虑了系统风险因素, 系统风险因子设定为 $Y_1, Y_2, \cdots,$ Y_N。 Y_i 服从均值为 1, 方差为 δ_i^2 的伽玛分布。行业风险因子用系统风险因子表示成: $\gamma_k = b_{k1} Y_1 + b_{k2} Y_2 + \cdots + b_{kN} Y_N$。其中 $k = 1, 2, \cdots, K$, b_{ki} 之和等于 1。债务人

A 违约概率同上，由

$$\begin{cases} m_l^i + m_f^i + I^i = 1 \\ m_l^j + m_f^j + I^j = 1 \\ I^i = I_l^i + I_f^i \\ I^j = I_l^j + I_f^j \end{cases}$$ 式可得：

$$G(z \mid Y_1, Y_2, \cdots, Y_N) = e^{\sum\limits_{k=1}^{k} \gamma_k P_k(z)} = e^{\sum\limits_{k=1}^{k} \sum\limits_{i=1}^{N} b_{ki} Y_i P_k(z)}$$

$$= e^{\sum\limits_{k=1}^{k} b_{ki} P_k(z) \sum\limits_{i=1}^{N} Y_i} = e^{\sum\limits_{i=1}^{N} Y_i \sum\limits_{k=1}^{K} b_{ki} P_k(z)}$$

进一步可算得：

$$G(z) = \prod_{i=1}^{N} \frac{1}{(1 - \beta_i \sum\limits_{k=1}^{K} b_{ki} P_k(z))^{a_i}} = e^{-\sum\limits_{t=1}^{N} \frac{1}{\delta_t^2} \ln(1 - \delta_t^2 \sum\limits_{k=1}^{K} b_{ki} P_k(z))}$$

计算出行业风险因子的方差：

$$\text{var}[\gamma_k] = \text{var}[b_{k1} Y_1 + b_{k2} Y_2 + \cdots + b_{kN} Y_N] = b_{k1}^2 \delta_2^2 + \cdots + b_{kN}^2 \delta_N^2$$

和行业风险因子间的协方差：

$$\text{cov}(\gamma_k, \gamma_1) = E(\gamma_k \cdot \gamma_1) - E(\gamma_k) \cdot E(\gamma_1) = E(\gamma_k \cdot \gamma_1) - 1 = \sum_{i=1}^{N} b_{ki} b_{li} \delta_i^2$$

因 $\gamma_k = b_{k1} Y_1 + b_{k2} Y_2 + \cdots b_{kN} Y_N$，且 b_{ki} 之和等于 1。可得：

$$P_A(Y_1, Y_2, \cdots, Y_N) = p_A \sum_{k=1}^{K} g_k^A (\sum_{i=1}^{N} b_{ki} Y_i)$$

$$= p_A \sum_{i=1}^{N} Y_i (\sum_{k=1}^{K} g_k^A b_{ki})$$

$$= p_A = \sum_{i=1}^{N} c_i^A Y_i$$

其中，c_i^A 为系统风险因子对债务人的影响权重，且 $\sum\limits_{i=1}^{N} c_i^A = 1$，$c_i^A = \sum\limits_{k=1}^{K} g_k^A b_{ki}$。生成函数，这就相当于直接用系统风险因子替代了。

经过仔细比较，可以发现两阶段模型的违约损失概率生成函数与 CSFB 模型在形式上没有本质区别，实际上，行业风险因子并非完全由系统风险因子决定，也即 $\gamma_k = b_{k1} Y_1 + b_{k2} Y_2 + \cdots + b_{kN} Y_N$ 并非严格成立，因此，使用两阶段模型来评估贷款组合的非预期损失，可能会产生较大的误差(彭建刚等，2009)。

⑤ 多元系统风险 Credit Risk＋模型

系统风险因子 $Y_1, Y_2, \cdots, Y_N$ 设定同上文，$\gamma = (\gamma_1, \gamma_2, \cdots, \gamma_k)$ 设定也同上文，α_i 和 β_i 为其形参数和规模参数。模型假定信贷人的违约损失率为一常数，已

知行业风险因子之间的协方差矩阵。行业风险因子形参数为 $\alpha_k = (b_{k1}Y_1 + b_{k2}Y_2 + \cdots + b_{kN}Y_N)\overline{\alpha_K}$，$\overline{\alpha_k}$ 为常数，且 b_{ki} 之和等于 1，$k = 1,2,\cdots,K$。行业风险因子的期望为 1，得：

$$\alpha_k = \frac{b_{k1}Y_1 + b_{k2}Y_2 + \cdots + b_{kN}Y_N}{\beta_k}$$

将 $\begin{cases} \dfrac{dm_{lk}}{dt} = \lambda_l k I \Phi - \sigma_l m_{lk} = 0 \\ \dfrac{dm_{fk}}{dt} = 2\lambda_f k I_l I_f m_f \Psi - \sigma_f m_{fk} = 0 \end{cases}$ 带入 $\begin{cases} \Phi = \sum\limits_k{}' P(k' \mid k)m_{lk'} \\ \Psi = \sum\limits_k{}' P(k' \mid k)m_{fk'} \end{cases}$，

且 $\alpha_i = \dfrac{1}{\delta_i^2}$，$\beta_i = \delta_i^2$，可得：

$$G(z) = \prod_{i=1}^{N} \frac{1}{(1 - \beta_i A_i(z))^{\alpha_i}} = e^{-\sum_{i=1}^{N} \alpha_i \ln(1 - \beta_i A_i(z))}$$

其中 $A_i(z) = -\sum\limits_{k=1}^{K} \dfrac{b_{ki}}{\beta_k} \ln(1 - \beta_k P_k(z))$。

由 $\begin{cases} \dfrac{dm_{lk}}{dt} = \lambda_l k I \Phi - \sigma_l m_{lk} = 0 \\ \dfrac{dm_{fk}}{dt} = 2\lambda_f k I_l I_f m_f \Psi - \sigma_f m_{fk} = 0 \end{cases}$ 式还可

$$\begin{aligned}
\text{var}[\gamma_k] &= \beta_k E_{Y_1,Y_2,\cdots,Y_N}[\text{var}_{Y_1,Y_2,\cdots,Y_N}[\gamma_k \mid Y_1,Y_2,\cdots,Y_N]] \\
&\quad + \text{var}_{Y_1,Y_2,\cdots,Y_N}[E[\gamma_k \mid Y_1,Y_2,\cdots,Y_N]] \\
&= \beta_k \sum_{i=1}^{N} b_{ki} + \text{var}(\sum_{i=1}^{N} b_{ki}Y_i) = \beta_k + \sum_{i=1}^{N} b_{ki}^2 \delta_i^2
\end{aligned}$$

这表明，行业风险因子方差受 δ_i^2 和 β_k 共同作用。当 δ_i^2 为 0 时，$\text{var}[\gamma_k] = \beta_k$，行业风险因子服从均值为 1、方差为 β_k 的伽玛分布，模型就等同于 CSFB Credit Risk＋模型。令 $k \neq 1$ 时，得行业风险因子的协方差为：

$$\begin{aligned}
\text{cov}(\gamma_k,\gamma_l) &= E(\gamma_k,\gamma_l) - E(\gamma_k) \cdot E(\gamma_l) \\
&= E_{Y_1,Y_2,\cdots,Y_N}[E_{Y_1,Y_2,\cdots,Y_N,k,l}[\gamma_k \cdot \gamma_l \mid Y_1,Y_2,\cdots Y_N]] - 1 \\
&= E_{Y_1,Y_2,\cdots,Y_N}[E_{Y_1,Y_2,\cdots,Y_N,k}[\gamma_k \mid Y_1,Y_2,\cdots,Y_N] \\
&\quad \times E_{Y_1,Y_2,\cdots,Y_N,l}[\gamma_l \mid Y_1,Y_2,\cdots,Y_N]] - 1 \\
&= \sum_{i=1}^{N} b_{ki}b_{li}\delta_i^2
\end{aligned}$$

上式表明，模型中行业风险因子之间的协方差只受系统风险因子的作用。

在分析中，一般由行业风险因子间的协方差矩阵及其自身特性，估计出无系统风险因子影响时的规模参数

第四节　互联网金融信用风险预警模型选择

虽然对目前整体而言，互联网金融并没有导致金融业务模式或金融本质的改变，其发展仍然处于起步阶段，整体规模极其有限，但是监管当局对他的监管控制基本是有效的，互联网金融风险目前还是可控的（郑联盛，2014）。本质上来说，互联网金融虽然实现了金融产业的渠道创新，但目前在金融产业方面仍然存在与信用或风险等核心问题。目前互联网金融的很多模式，尤其是有关 P2P 网络信贷方面，一些平台由于没有能力评估风险以致对风险的低估或者无视，导致风险暴露，甚至在创业的初始阶段就遭受打击，倒闭破产，不仅给投资者造成了财产上难以弥补的损失，也影响了人们对互联网金融的信心。

从以上介绍中可以看出，20 世纪 90 年代以来，国际上正在紧密、高速地关注着信用风险管理数理模型，代表的信用风险量化模型有：CreditMetrics 模型（JP 摩根银行，1997）、KMV 信用风险评估模型和 CSFR 的 CreditRisk ＋方法。关于互联网金融信用风险模型应用研究主要包括：KMV 模型对中国互联网金融信用风险测算（孙小丽等，2013）、基于 BP 神经网络进行互联网信用风险评估（李从刚等，2015；黄梦宇，2013）、逻辑回归模型在互联网金融信用风险中应用（徐喆，2013）、基于 CreditRisk ＋模型对互联网金融信风险用进行估计（李琦等，2015）、基于 Garch 模型对互联网金融市场风险进行度量（孙皓，2013）、基于层次分析法评价互联网金融风险（宋天依等，2015）、但其中却唯独缺乏互联网金融信用风险预警模型的研究。在我国互联网金融的市场上，如何能够有效吸收西方发达国家各公司高管在互联网金融风险管理上的经验，进行整理归纳总结，从而构建适合我国互联网金融发展特色的信用风险预警模型是其中的关键。

关于互联网金融信用风险模型应用研究主要包括：给予模糊层次分析法的互联网金融风险分析（桂杨等，2018）、互联网金融对金融机构信用风险的影响效应——基于 PTR 模型的非线性分析（冯冠华，2018）、基于 AHP 的互联网金融风险评价及防控政策（姚琳琳，2018）、基于卷积神经网络的互联网金

融信用预测研究（王重仁等，2017），中国互联网金融征信的二维思考——基于经济学与法学视角（王伟，2017），基于 KMRW 声誉模型的互联网金融监管博弈研究（卜亚等，2017），基于随机森林的 P2P 网贷信用风险评价、预警与实证研究（于晓虹等，2016），网络借贷平台风险控制的研究——基于交易可能性集合模型应用（陆岷峰等，2016），互联网理财风险度量及其监管——基于 VaR－GARCH 模型的分析（林小霞等，2016）。

互联网金融信用风险指标体系极其复杂，具有多个指标层次，包含很多测量误差的潜在变量。在互联网金融信用风险的评价与分析中，这些测量误差在很大程度上会导致常规回归模型的参数估计产生误差，而结构方程模型的特点则正好可以解决互联网金融信用风险评价中的相关问题，减少相关误差，因此，互联网金融信用风险评价适合运用结构方程模型进行分析。经过查找现有文献，发现其中有关结构方程在金融风险预警和管理中的应用主要包括：基于结构方程模型的金融危机预警方法（牟晓云、李黎，2010），商业银行房地产信贷风险预警模型建立（慕铮，2011），商业银行操作风险管理（梁力军、孟凡晨，2012），金融综合化服务与操作风险、声誉风险的衡量（肖春海，荣婷婷，2012），金融危机预警指标体系及其结构方程模型构建（马威，2014），互联网汽车金融信用风险管理研究（汪晨，2016）。根据上述文献我们可以看出结构方程在研究方面是主要用来研究传统的金融风险管理，采用结构方程模型研究互联网金融风险的文献并不多，主要有基于结构方程模型的互联网金融理财行为研究（张万力，2015），互联网金融产品用户采纳行为影响因素实证研究（刘玥，吴亮，2015），而采用结构方程模型研究互联网金融信用风险预警的文献则更是少之又少，且预警指标设定缺乏全面性和系统性。本课题在研究互联网金融信用风险预警时，由于市场因素复杂且涉猎广，我们选择其作为设定预警指标的主要因素之一，在经过分析且充分考虑互联网金融信用风险的特点的基础上形成了系统、全面的互联网金融信用风险预警指标体系，从而得到优质、高效的互联网金融信用风险管理。

第四章　第三方支付有效监管研究

　　互联网金融在最近几年迅速成为最热和最具潜力的发展行业，如火如荼的发展成就主要依赖于第三方支付的开创和发展。不论是国人耳熟能详的类似余额宝之类的各种"宝"类货币理财产品，还是被争论不休的P2P，亦或是让人们疑虑的众筹，微小电商收益的电商小贷类模式的出现，都是基于传统的支付结算方式不能满足电子商务发展的需求而创新的第三支付平台发展起来的。我国第三方支付平台的快速发展，给传统银行业带来巨大影响，同时也深刻改变着人们的生活和工作方式。

第一节　第三方支付的内涵及理论分析

　　我国的第三方支付在近几年迅速发展，为了维护市场经济持续、稳定、健康地发展，规范市场经济中的支付服务行为，国家相关监管机构相继出台了一系列的监管措施进行规范。第三方支付是互联网金融和网上交易的支付平台，可以说是互联网金融健康发展的基础，第三方支付平台安全可靠，则网上交易环节就较为安全。

一、第三方支付的内涵

　　随着电子商务发展进程的推进，银行传统的结算业务满足不了电子商务支付的需求，在互联网技术发展的基础上，市场敏锐力强的企业通过积极开拓，利用创新的支付方式打破了传统支付不能满足市场的僵局，创新的支付方式给市场带来了活力，推动了互联网金融的发展。关于第三方支付的内涵，本文将从第三方支付的定义和运作方式两方面进行阐述。

　　（1）第三方支付定义。第三方支付平台是第三方支付的直接运用，第三方支付是将原有的交易程序和合同约定手续简单化，并且通过网络平台来实现交易参与各方的需求和意向。将原有的交易手段和过程网络化，便捷化是第三方支付的最大特征和优势。

（2）第三方支付的运作方式。第三方支付机构作为中介，通过和银行合作签订协议，客户在网上购买支付货款时，客户可从相应的银行卡中自主划拨资金，为保证双方的财产安全，保障交易的正常运行，客户划拨的资金在客户收到货物之前一直都停留在第三方支付平台的资金池中，在确保客户收到货物后，资金才会由客户主动或由第三方支付平台代转到对方的交易账户中。即使客户在收到货物没有及时确认付款的情况下，在经过相应时间的期限等待后，货款会自动划拨到对方账户中。买家收到商品后通常有两个情况，一是满意，则付款，此时货款从第三方平台转入卖方账户；二是不满意，则申请退货，若双方协调成功，货款从支付宝平台返回买家账户，若双方协调不成功，可申请淘宝介入，由第三方帮买家协调退货事宜。

第三方支付平台通过网络划拨结转，给素未谋面的交易双方建立了彼此信任的交易平台，这种第三方支付结算方式有效的规范了交易双方的交易行为，确保了交易活动正常有序进行，极大地维护了交易双方的权益。第三方支付具有操作便捷、相对安全、节约成本、省时方便等特点，使得该服务在互联网金融领域中得到广泛使用。要想成为第三方独立机构，必须具备相应的实力，超高的信誉保障，同时还需要与多家银行签约建立长期合作关系。

二、第三方支付的理论分析——交易成本理论

交易成本是伴随着商品交换出现的一种成本，是指人们在经济生活中为达成交易而产生的费用成本。本部分主要介绍交易成本的类型，交易成本产生的原因，第三方支付平台交易成本等三个方面的内容。

（1）交易成本的类型。为完成某项经济活动达成某项交易，经济人在最初会进行信息的搜寻，相关的成本也随着信息搜寻活动的开展而产生。进入与交易对象谈判阶段时，就商品或服务的价格、协议等问题产生协商与决策的议价成本；双方协商一致达成合作意向后，交易就正式开始，交易成本也相应产生。为了维护各自的利益，避免交易对手投机行为而可能的违约行为，监督行为产生，监督成本也随之出现。如果交易对手执意违约，违约行为将产生违约成本。

（2）交易成本产生的原因。在商品经济活动中，交易双方都追求各自的利益最大化，加上交易环境处于不断变化的动态中，各种因素的变化都可能引起交易的失效，交易成本产生的缘由也各异。交易本质上是人与人之间的活动产生的一种关系，交易成本也可以理解成是一种关系成本。由于交易受交易双方是否理性的主观影响，同时也受到外部环境的客观影响，因此交易成本也受多重因素影响，不仅包括人的投机行为、信息的不对称性，甚至还包括宏观环境等政策因素。交易成本最主要的组成部分还是由经济人的活动引起的。例如交易双方为各自的利益进行投机行为，就会产生信任危机，从而导致监督成本的增加。

（3）第三方支付平台交易成本。第三方支付平台相对于以往的交易方式已经具有极大的成本优势，例如鞋底成本、菜单成本和时间成本等，交易通过第三方支付平台进行支付划转，实现交易的信息化和网络化，提高交易的效率和效果，极大地降低了交易成本。

第二节　第三方支付的发展阶段

根据第三方支付业务发展的繁荣程度，涉及业务的宽泛程度，是否有相关文件开始规范指导和管理第三方支付业务为标准，依据 2010 年中国人民银行首次对第三方支付业务施行《非金融机构支付服务管理办法》为分界点，按照行业生命周期的划分，目前可将第三方支付的发展分为两个阶段：自主探索阶段和规范发展阶段。

一、第三方支付的自主探索阶段

20 世纪 90 年代，随着互联网走进我国市场，计算机技术的不断进步，我国的电子商务开始发展。该阶段各大银行着手开发网上银行业务，让在线支付成为可能。第三方支付业务在电子商务的基础上得以问世，并随着电子商务领域的不断扩展而发展壮大。第三方支付的自主探索阶段，主要以传统银行成功搭建官网为标志，积极探索开展网上银行业务为开端。对于第三方支付的自主探索阶段，本文将从以下几个方面进行阐述。

（1）传统银行建立官网，开拓网上银行。1995—2001 年期间，互联网的发展虽然受到互联网泡沫的影响，但是互联网技术依然在进步。在传统金融领域中，中国银行于 1996 年率先完成官网建设，成为国内首个拥有网上银行服务系统的银行。网上银行系统的开发，为网上支付提供了条件，为客户提供了在线自助查询开户卡信息、转账等基本业务办理的平台。其他各大银行迅速反应，紧随其后成功建立各自的网上银行服务系统平台。在迈入 21 世纪以前，我国各大型银行都基本完成了对网上银行体系的初步构建。而各大银行间的合作，开创银联服务模式，跨行交易功能的实现让网上支付更加便捷。鉴于各大银行不遗余力地发展网上银行业务，为更好地指导和规范网上银行的快速、合规发展，人民银行在 2005 年发布《电子支付指引》。在规范指导下发展的网上银行，其发展更持续。

2010 年我国网上银行用户规模为 13948 万人，截至 2015 年 6 月，用户规模增长到 30696 万人，用户规模增长率不断攀升，从 30.5％～46％，呈不断增长趋势。在第三方支付市场中，网上银行占据重要的地位。由于网上银行将部分柜台操作的业务网络化，客户办理相关业务无需去营业网点的柜台亲自办理，为客户节省了时间成本。通过网络化提供服务，为客户带来方便快捷的体验，同时可以提高效率。

由于电子商务的发展，网上银行业务的不断完善和成熟，网上银行的用户数量和使用率在不断提高。近五年来，用户多了一倍多，使用网上银行的概率也将近一半，有良好的发展趋势。加上银行还通过信息网络提供金融服务，将新的业务品种加入网上银行平台，减少了金融产品与客户之间的距离，因此，互联网金融模式得以取得较大的发展。

（2）企业积极开拓网络支付平台，并快速发展。随着部分企业开发网上购物，由于现实中的支付体系并未满足市场的需求，企业便创新支付方式，我国的第三方网络支付也在此背景下应运而生。自 2005 年起步到 2009 年，四年时间通过我国第三方支付平台进行的网上支付交易量以年均 100％的速度逐年增长，2009 年网上支付规模达到 5766 亿元。自 2005 年民营企业开始创新第三方支付方式起，各大互联网企业都竞相争夺该领域的市场份额，在 2008 年 91.1％的第三方支付业务被四种支付方式占据，支付宝、财付通、银联电子支付和快钱，其中三家支付方式均属于民营企业，最为瞩目的是支付宝凭借淘宝巨大的客户市场，取得了全部市场一半以上的交易份额。

第三方支付的自主探索阶段，主要是企业根据市场的需求自主摸索，开发网上相关的转账支付业务，而部分的业务在相当长的一段时间内并没有得到政府部门的相关支持和认可，例如阿里集团的余额宝，在开创之初，很多人质疑其是非法集资。企业在自主探索阶段，不仅开创第三方支付方式，而且还开发相关的金融产品。

二、第三方支付的规范发展阶段

随着第三方支付业务规模的不断扩大和喷涌式发展，互联网金融日益成为不可忽视的发展力量，为了维护互联网金融市场秩序，维持我国金融市场的健康发展，同时打击互联网诈骗、网络非法集资等违法犯罪行为，中国人民银行对第三方支付进行规范性的管理，包括对其支付业务许可证的申请条件、服务范围、监督及管理办法等。我国第三方支付进入规范发展阶段的标志是中国人民银行专门对该业务颁布了管理办法和条例，并对部分可靠可信赖的第三方支付平台颁发准许牌照。2010 年 9 月，中国人民银行颁布实施《非金融机构支付服务管理办法》，就第三方支付的管理办法提供了相对具体的措施；2011 年 5 月 18 日，我国第一次对部分第三方支付平台发放准许牌照，这是民营企业在互联网金融领域通过自我发展而得到政府认可的具体表现之一。有章可循，有法可依，这意味着我国互联网金融中，第三方支付模式正式进入规范发展时期。第三方支付的规范发展阶段主要表现在以下几个方面。

（1）互联网的普及加速电子商务的发展，促进第三方支付的快速增长。第三方支付快速发展主要是计算机网络普及率提高、电子商务发展繁荣以及第三方支付方式与传统支付方式相比具有更加方便快捷等优势共同推动的。自 2010 年以来，我国互联网普及程度日益提升，使用互联网的人数规模也不断扩大。网民使用互联网进行在线支付的频率也越来越高，推动了第三方支付发展的进程。

我国网民使用网上支付的人数规模逐年攀升，使用频率也是逐年增加。从 2010 年的 13719 万人增长到 2015 年 6 月的 35886 万人，网上支付的使用规模扩大了一倍多；网民使用网络进行网上支付活动的频率截止到 2015 年 6 月，也达到 54%，即有超过一半的网民上网会使用网上支付功能，网上支付普及率可观。

电子商务的发展推动着第三方支付业务的迅速成长。2008 年，金融危机爆发，虽然实体经济增长缓慢，但是第三方支付业务凭借自身相对的独立性，实现了交易双方行为的可控和资金安全，保护买卖双方的权益，使得用户群体不断扩大，也促使第三方支付交易规模的不断扩大。尤为明显的是网络购物开始成为一种生活习惯，并且不断蔓延扩展，其影响力越来越大，客户群也逐渐扩大，不仅包括主力群体青年人，还包括购买能力强的中年人，甚至部分老年人也加入到这种流行的趋势中。网络化的生活方式，使得第三方支付业务规模不断攀升。在 2010 年第三方互联网支付规模达到 10105 亿元，2014 年规模增长到 53730 亿元，根据行业数据统计和对第三方发展潜力的估计，预计在未来几年第三方支付的发展将会继续扩大。

我国第三方互联网支付市场交易规模自 2010 年开始呈现逐年增长趋势，增长速度迅猛。从 2010 年交易规模的 10105 亿元到 2014 年 53730 亿元，2014 年实现的交易规模是 2010 年的五倍多，根据目前的增长趋势，预测到 2018 年，我国第三方互联网支付市场交易规模将达到 292091 亿元，预示着我国第三方支付发展市场潜力巨大。

（2）第三方支付企业取得准许牌照，政府开始规范其发展。第三方支付自 2010 年以来实现了快速飞跃式的扩张和发展。截至 2014 年 7 月，累计有 269 家企业得到人民银行发放的第三方支付牌照，意味着民营企业通过互联网途径走进部分金融领域得到政府的认可。其中最具代表的第三方支付平台当属阿里巴巴集团的支付宝和腾讯集团的财付通、微信支付。两个企业都是通过先服务自己的客户群体然后沿着其服务的群体延伸其业务范围。通过纵向的延伸和横向的扩展，从支付宝的诞生到 200 多家企业获准运行第三方支付平台，短短几年时间，第三方支付取得了迅速的发展和壮大。

自 2010 年以来，第三方支付发展规模不断扩大，并且深刻改变着人们传统的的生活方式，第三方支付业务已经细化到人们的日常生活中，扫码支付广为盛行。不管是购物还是充值手机话费、缴纳四六级考试费用、亦或是出行订购机票及火车票等各种支付款项，均可通过第三方支付平台完成。与传统的支付方式相比，不管是网上银行还是刷卡支付或是现金支付，都没有第三方支付平台提供的支付方便快捷、省时省力。操作简单、使用方便、安全、一步到位的第三方支付服务让人们生活更方便。因此，第三方支付的使用频率和规模不断增长。第三方支付业务逐步渗透到市场的每个细微部分，成为市场广阔，发展潜力巨大的行业。

第三节 第三方支付的主要模式

第三方支付的发展从最初的银行卡收单业务、预付款再到后来的网络支付，第三方支付的模式不断创新和发展，推动着我国互联网金融的发展。加强对我国第三方支付主要模式的探究，了解第三方支付模式的运作程序，为深入了解和认知第三方支付提供参考和借鉴。

一、POS 收单

POS（Point Of Sale），即为销售终端。POS 收单业务是指签约机构或银行给商户提供资金结算的一种服务。银行负责结算的同时也从该业务中收取一定比例的手续费。随着我国改革开放的推进，我国的经济迅速腾飞，便捷的POS 机刷卡方式成为大型商场和小型商户都必备的结算方式之一。随着我国经济稳步增长，POS 收单业务也迅速发展，市场规模也随之扩大。通过电子传输的方式让 POS 收单业务成为连接商户和发卡行的桥梁，让刷卡消费模式变得日益寻常。

POS 收单业务是顾客在银行卡特约合作的商户刷卡消费后，交易数据通过第三方支付企业传送给发卡行，通过电子传输相关数据，实现刷卡、授权、清算等一系列活动过程。

POS 收单业务是数据通过客户、特约商户、第三方支付企业和发卡行一系列传递实现的活动。客户在银行特约商户持卡结算后，数据经过传递到达第三方支付企业，再由其传递到相关发卡银行，银行在接收到此信息后将对账单发送到持卡人手中，就此完成一笔 POS 收单业务。

在我国银行收单市场上，银联集团由于得到政策的支持，取得垄断地位，因此银联拥有银行卡收单全国半数以上的市场份额。截至 2015 年 3 月，有400 万的实体商户使用银联商务服务，其中 95% 的商户是微小企业和个体户。银行卡收单机构的盈利来源是通过向商户收取手续费和服务费实现。根据行业性质不同，POS 收单业务对不同企业手续费用也不同，总体上手续费费率在0.38%～1.25% 之间。目前发卡银行、收单机构和银联的手续费分配比例为7：2：1。由于收取的费用较高，由于地域和经济等多重因素影响，在广阔的市场范围内存在不少未签约商户盲区，使得 POS 机并未完全渗透市场。因此市场存在未满足的需求，给其他第三方支付方式提供了契机。2015 年 4 月 22 日，中国政府网发布《国务院关于实施银行卡清算机构准入管理的决定》，打破了中国银联清算市场的垄断地位，将更加有利于第三方支付的发展。

二、预付卡

预付卡是指以盈利为目的发行的、在发行机构之外购买商品或服务的预付价值，包括采取磁条、芯片等技术以卡片、密码等形式发行的预付卡。2014 年在中国人民银行在发放的第三方支付牌照中，也发放了部分全国性预付卡牌照。作为第三方支付模式之一的预付卡，在现实生活中发挥着不可忽视的作用。预付卡之所以能得到发展，与其优势特点分不开。预付卡的主要特点有如下两点。

（1）对于商家而言，预付卡的发行，减少了商家货币现金的交易量，提高了资金安全，有利于商家的风险控制。推行预付卡，不仅为商家积累了沉淀资金，也减少了欠款的机率。预付卡的管理模式不仅可以减少现金的收支管理，还减少相应的管理费用，如人工劳务成本、机器的固定成本和折旧费用等。最后，预付卡还有助于企业更好的管理客户资源。

（2）对于消费者而言，预付卡与现金支付相比，可以减少现金的携带，增强资金的安全性，同时也便于携带，因此受到消费者的青睐。预付卡新颖的消费方式也符合追求潮流人士的消费心理。

预付卡的发行给商家和客户都提供了方便的交易方式，预付卡的盛行改变了传统的交易方式和生活习惯，促进了第三方支付的发展。预付卡可以根据不同的分类标准分为很多类。预付卡的分类主要有以下几种。

（1）根据预付卡用途是否单一，可分为单用途预付卡和多用途预付卡。多用途预付卡是指可用于发卡企业之外商户购买产品和服务的一种预付卡。可在不同区域不同行业间使用。例如商通卡可以在商场、饭店等不同类型的签约商户处使用。单用途预付卡使用的宽度就受到一定范围的局限，仅能在发卡机构和其指定的范围中使用。如美容卡只能在商家指定的机构中使用。

（2）依照预付卡载人资金刻录方式不同，将预付卡分为账户型预付卡和芯片型预付卡。账户型预付卡是指数据以记账方式进行记录，其功能如同记账消费。芯片型预付卡就是资金数据记录在卡里安装的芯片中，每次消费后按照相应数额从卡里扣除，能自动完成数额的扣减，例如城市交通卡。

三、网络支付

网络支付是通过不同的网络实现收付款人双方的资金转移，具体可分为电子支付、电话支付、电视支付及货币汇兑等不同的行为模式。目前使用最频繁、增长速度最快、规模最大的网络支付是移动支付。

移动支付是指通过移动终端利用无线通信技术传送相关的支付指令，完成资金的支付与转移。移动支付最初是以短信指令的方式完成支付，即客户通过在进行支付时，移动运营商会将相关的支付指令通过短信的方式发送到客户手中，并就此举收取相关手续费。第三方支付使得移动支付变得更加简便，客户只需通过智能移动终端，在连接互联网的基础上登录相关的虚拟账号，就可进入支付页面进行相关操作。近距离无线通讯技术支付（NFC）的发展，也使得第三方支付方式更加快捷，该技术是通过非接触式射频识别（RFID）结合互联互通技术，让一张小小的的芯片就能够实现点对点对接功能，成功实现终端设备的对接，最终实现无线通讯在第三方支付领域中的作用。移动支付的特点有如下几个方面。

（1）移动网络的快速发展加速了移动支付的发展。随着智能手机的成熟和快速发展，移动网络从 2G、3G 到现在的 4G 时代，移动网络技术不断发展，移动支付平台丰富了第三方支付方式，让支付变得更加快捷方便。移动支付平台的操作简单，并且人们通常都有随身携带手机的习惯，良好的移动网络信号让随时上网变成可能，也让随时交易支付成为现实。因此移动支付很快成为第三方支付平台中重要的方式之一。移动支付规模快速增长，市场前景广阔，众多互联网公司、金融机构其至部分手机制造商都纷纷涌入该领域。

（2）移动支付规模不断增长。第三方移动支付增长迅速，2013 年增长率高达 707%，2014 年的市场规模达到 59924.7 亿元，较上年度增长 391.3%，预计到 2018 年规模将达到 182609.9 亿元。

自 2011 年起我国第三方移动支付市场交易规模逐年增长，特别是从 2011—2014 年呈现高速增长姿态，并且这一增长趋势预计会持续发展，说明我国第三方移动支付市场潜力巨大，同时也证明互联网金融发展是必不可阻挡的洪流。第三方移动支付市场交易规模从 2011 年的 798.7 亿元到 2014 年的 59924.7 亿元，增速从 2011 年的 36.3% 到 2013 年的 707%，2014 年同比增长

391.3%，印证了互联网金融市场有着广阔的前景。在高速增长的第三方移动支付交易市场中，阿里集团的支付宝平台占据主要的市场地位。2013年通过手机支付的支付宝金额达到1500亿美元，超过美国最大的支付平台，成为目前全球最大的支付平台。截至2015年5月，支付宝移动端用户达到2.7亿人次，日均移动支付超过4500万笔，第三方支付移动支付市场快速增长。

（3）移动支付市场竞争激烈。移动支付平台的出现使得O2O（Online To Offline）市场竞争更加激烈，也使得第三方支付在生活中得到广泛的应用。部分传统银行拓展手机银行移动支付功能，将芯片植入手机，支持手机银行在购物或者充值等方面进行支付。中国银联在全国范围内推广支持MFC的POS机设备，实现非接触终端改造，提高移动支付的使用范围。中国移动也在2013年重点推广NFC手机钱包。2014年，阿里巴巴集团和腾讯集团陆续推出打车软件，通过该软件争夺线下市场，争取更多资金在各自支付平台的沉淀。客户通过打车软件就可以实现就近打车和完成支付，在2014年第三方支付市场竞争激烈。

目前主要的支付平台占据我国第三方互联网支付交易规模市场的大部分市场份额。阿里集团的支付宝成为2014年第三方支付平台中的龙头企业，占据全国第三方支付互联网支付交易市场49.6%的份额，遥遥领先其他第三方支付平台。腾讯集团的财付通，占据全国19.5%的市场份额，列居全国第二。位居第三的是银商集团，占据11.4%的市场交易规模。位居后面的依次是汇付天下、易宝支付、环迅支付。其他支付平台一共才占据1.6%的份额。通过第三方互联网支付交易规模市场份额图可以大致了解第三方支付平台的市场结构，在互联网金融发展的现阶段，互联网公司在市场上起到很大的推动作用，同时也占据着市场的绝大部分市场份额。

总之，在第三方支付中，网络支付模式中的移动支付发展是未来发展的主力，移动支付在智能手机快速发展和移动网络不断发展的前提下，凭借着操作简单，方便快捷的优势迅速发展，快速成为第三方支付中重要的支付方式之一。

第四节　第三方支付的实践

中国的第三方支付发经历了从开始的不被接受到客户群扩大到以亿计算再到得到准许牌照走上更加规范的发展道路，从无到有从弱到强，发展速度超过美国，发展成全球最大的第三方支付市场规模。了解不同背景发展条件下的中美两国第三方支付发展的实践经过，可以从中总结经验，以更好的了解第三方支付，促进其继续蓬勃发展。

一、第三方支付在国外的实践

第三方支付是随着电子商务的发展而发展起来的一种支付方式，并随着电子商务不断深化发展而扩展创新业务。作为典型西方发达国家的代表，美国在20世纪90年代就已经出现第三方支付。1996年第三方支付公司问世于美国。两年后，有名的第三方支付公司 PayPal 创立，创立的初衷是为了攻克传统银行在电子商务中无法解决个人收单业务不足的难题。进入2000年以后，PayPal 公司不仅扩宽国内市场业务，还积极开拓海外市场，加入世界上主要的几种外币种类的计量，如英镑、欧元、澳元等。2002年，全球最大的国际贸易电子商务平台 eBay 对 PayPal 进行收购，以此改变了 eBay 只能采用传统方式支付的局面，快捷的支付方式提高了交易工作的效率，同时也为电子商务的发展提供了更有利的推动作用。PayPal 通过和商户的合作，逐步扩大着市场影响力，合作的商户中不仅有小型的比萨饼屋，也有大型连锁超市沃尔玛。PayPal 在美国的网络支付平台中拥有90％的市场份额。截至2008年，美国已经拥有全球网上支付交易市场的30％份额。

在美国，第三方支付被归类为传统货币服务，美国政府将依据互联网技术支持的第三方支付依旧作为是货币转移的一种业务。第三方支付在货币转移的过程中起连接交易双方的桥梁作用，类似于代理人的角色。因此在对第三方支付机构的监管过程中，将其视为货币服务行业的一部分进行监管，并通过联邦和州进行双重监管。依据现行的法律对第三方支付平台的市场秩序进行规范管理，并根据市场发展的需求，对法律规范进行增补完善，以此更好的加强对第三方支付业务持续发展的规范指导和管理。第三方支付机构在市场上的运作受到严格的监管，营运牌照、投资范围、原始资本、流动资本等都有严格详细规定，并且恪守反洗钱义务等。《爱国者法案》规定第三方支付公司需在金融犯罪执行网络进行备案，其交易记录都进行存档和监控。2009 年 11 月，美国内部税收服务署规定，第三方网上支付中清算组织对超过一定数额规定的交易要进行汇报，以此加强和完善对第三方支付体系的管理。

欧洲地区第三方支付公司只有在获得相关的银行或者电子货币执照的前提下才可以开展相关的支付业务。欧盟也制定了相关的管理条例对第三方支付业务的资金用途、业务范围、安全防范、记录报告等方面进行了详尽的规定和指导。这为第三方支付的稳健长久持续发展提供了必要的保障。

二、第三方支付在中国的实践

我国首家第三方支付机构在 1999 年创立，是由北京首信与上海环迅合作创建的。该企业机构实现了众多小商家与银行的成功对接，通过这个平台为买卖双方和银行都提供了便捷的服务平台，在我国开创了第三方支付的服务。第三方支付引起关注是在 2004 年，2004 年众多大型互联网公司都相续推出各具特色的第三方支付平台。例如当前最具影响力的支付宝。众多提供网络支付的公司也相继问世，如广泛应用的银联在线支付等。第三方支付在促进互联网金融发展历程中具有重要作用，既促进了经济的发展，又为创新型的互联网金融发展提供了发展的必要的技术支撑。

第三方支付在我国的发展时间短，但发展迅速，一些第三方支付机构成为中国市场中的发展典范，最为典型的是网络支付中的阿里集团的支付宝，第三方支付的内容也不断创新，如推出类似信用卡的分期支付功能。

（1）网络支付（支付宝）：支付宝是阿里巴巴集团创立的第三方支付平台。该平台推行的"你敢用，我就敢赔"的口号，在电子商务中率先推出"全额赔付"制度，解决广大网商和客户的后顾之忧，用户只用简单快捷的操作即可完成在线支付，通过该渠道建立买卖双方间的彼此信任，也建立了客户的信任档案管理，促进了互联网金融发展环境的健康纯净。

随着支付宝功能的日益强大，支付宝逐渐进入我们生活中的方方面面。支付宝凭借广大的用户群体推出转账功能。该转账功能可以通过向支付宝账号、银行账户和国际汇款途径实现。相比传统的银行转账业务，支付宝转账无论金额大小，无论是异地还是同城，对任何一个支付宝账户和任何一家银行账户转账都是免费服务无手续费，即时到账。转账成功后，第三方支付平台会及时免费发送提醒短信到客户手机，与传统银行依旧收取短信服务费相比，支付宝转账业务得到广大用户的喜爱和支持。支付宝的发展路径可以从以下几个方面体现。

支付宝在 2005 年 4 月 20 日和国际 VISA 组织签订协议，建立合作关系，为支付宝开拓海外市场打下基础。与国内各大银行建立合作关系，使得国内任何一家银行卡种均可用于支付宝在线支付，为开拓国内市场奠定基础。支付宝推出"在线问题系统"，用户可实时反映在淘宝购物过程中遇到的麻烦，并可以申请客服介入解决问题。支付宝为使用该支付平台的所有用户提供免费服务，例如充值、提现、支付等。

2008 年，支付宝和淘宝网携手开拓无线互联网市场，实现手机支付。支付宝与卓越亚马逊、携程旅游网、春秋航空、铁路集团、电网集团等各大集团企业合作，开拓了众多领域多方位的渠道，拓宽了支付宝支付的路径。而二维码的盛行，让更快捷的扫码支付成为大众喜爱的支付方式之一。支付宝还积极开拓与街头巷尾商户的合作，不论商户规模的大小，不管是街角的蛋糕店，还是大型连锁商场，支付宝的广泛应用已经渗透到生活的每个角落，不论是出行购买车票、充值缴费、还是购物消费均可用支付宝一步到位。

2013 年 6 月，阿里巴巴集团在我国率先推出"余额宝"投资理财账户产品，仅上市 10 余天便吸收了约 60 亿元资金。截至 2014 年 12 月 31 日，余额宝的份额高达 5789.36 亿元，用户总数 1.85 亿，盈利 240 亿元。余额宝，成为典型的由第三方支付平台的推出的投资账户，给互联网金融带来前所未有的推动作用。各个大型互联网公司看到互联网金融的爆发力和潜力，相继推出互联网金融理财产品如易付宝、盈利宝等，同时提供的互联网金融服务，既活跃了互联网金融市场，也推进了互联网金融发展的进程。

支付宝凭借广大的用户支持，和强有力的市场渗透力，牢牢占据着第三方支付业务的龙头地位，也为互联网金融产品的创新起到了推动作用。最让人期待兴奋的是由阿里巴巴淘宝网开创的"双 11"购物狂欢节，众多网店打折销售，使广大买家可尽情购物，在 2015 年 11 月 11 日 0 点狂欢开始，开始仅仅18 秒，天猫网络销售平台就实现交易额 18 亿元，24 小时全天销售额为912.17 亿元，其中无线支付达到 626 亿元，占所有支付方式比重的 68.7%。详见下表，阿里巴巴集团天猫网络销售平台双十一销售额数据统计。

阿里巴巴集团天猫网络销售平台双十一销售额数据统计

（单位：亿元）

时刻	累计交易金额	时刻	累计交易金额	时刻	累计交易金额
0：00：18	18	4：26：31	362	16：39：33	700
0：01：12	10	7：45：42	417	17：28：00	719
0：17：58	100	9：52：22	500	21：00：35	800
0：33：53	200	1150：00	571	22：39：00	855
1：13：59	300	12：00：00	576	24：00：00	912.17

资料来源：《阿里巴巴集团：公司季度发展公报》，2015 年。

2015 年 11 月 11 日阿里巴巴集团天猫网络销售平台 24 个小时的销售总金额达到 912.17 亿元，在开场 18 秒就交易 18 亿元，平均每秒交易一亿元，仅 18 分钟不到就交易金额就达到 100 亿元，在当日 11：50：00 交易额就达到 2014 年 11 月 11 日 24 小时的销售总额 571 亿元。在极短的时间内交易金额达到了如此巨大的规模，第三方支付平台在交易过程中起到关键的桥梁作用。

（2）网络支付新功能（分期支付）：互联网金融具有不断开发创新的精神，网上购物走进千家万户改变了人们的消费习惯，根据不同的市场需求，开创了新的金融产品。分期支付就是网上购物发展到较为成熟的阶段依托第三方支付平台构建的一种付款方式。

阿里巴巴集团的天猫网购平台，就有商家对部分产品实行分期购买的策略。天猫分期是指消费者在购买商品时候，可以选择三、六、九期分期付款，自收到货物之后，还款日由第三方支付系统自动生成，并定时通过短信、旺旺和站内信等方式给用户发送还款信息。借助第三方支付平台支付宝，消费者可以自行设置还款方式，可以选择余额宝或绑定的银行账户自动还款。支付宝推出的花呗服务，与天猫分期有相似的功能，本质上都是赊账消费，后期还款。不仅仅是花呗，京东集团的京东白条，也是分期付款的代表。

不管是花呗、京东白条还是其他网购商城提供的分期付款购物方式，与传统银行的信用卡相比，都具有办理简便，快捷的优势，同时也推动了互联网金融诚信制度的建设和互联网金融的发展。

第五节　第三方支付的影响

第三方支付是互联网金融领域中关键的环节，它既是新金融服务产品诞生的催化剂，也抢占着传统银行业的市场份额，倒逼传统银行业革新谋求长足发展。第三方支付的作用可通过挤占效应对传统银行支付业务的影响、鲶鱼效应对金融产品创新的影响、长尾效应对开拓市场的影响和蓝海效应对增强竞争力影响的分析体现。

一、挤占效应对传统银行业中间业务的影响

第三方支付业务在我国迅速发展，第三方支付凭借提供快捷方便的免费服务，迅速攻占市场，挤占着银行的结算、代理等中间业务的市场，给银行的中间业务产生巨大的冲击。具体影响如下。

（1）第三方支付业务迅速发展，其操作简单，服务免费的特点迅速挤占银行支付结算业务的部分市场。国内商业银行不管是跨行转账还是同行异地转账，不论是柜面操作还是 ATM 机自主操作，或是在网上银行进行操作，都收取较高的手续费。而第三方支付平台，以支付宝为例，转账免收手续费和服务费，且及时到账。很多用户在转账时，会选择在第三方支付平台进行划转，然后再进行提现，第三方支付平台充当了免费的中转站，操作便捷。客户在进行小额转账结算业务时，通常都会考虑选择第三方支付平台。

2014 年我国互联网支付用户在其选择的支付方式中，第三方支付占据重要位置，位居第一，占比 49.6%；由于智能手机的普及，用手机就可以实现上网，再加上移动手机携带方便，支付操作简单，因此，移动手机在使用统计情况中位居第二，占有 38.8% 的比重；传统的网上银行位居第三，占比 34.8%；移动 POS 机、电话支付、ATM 机和固定 POS 机分别占比 20.8%、18.5%、15.4%、15%。由此可见，第三方支付是用户最常使用的支付方式，并且移动支付具有不可阻挡的发展趋势。

（2）第三方支付业务不仅挤占银行传统的支付结算业务市场，还在线下和银行形成竞争关系，将传统的线下市场格局进行重新划分。阿里集团的支付宝扫码支付在代理教育缴费、生活缴费等代理收费方面都正逐步取代着曾经传统

银行开辟的业务市场。第三方支付平台的手机充值、城市一卡通充值等现金充值业务也和银行业务形成竞争。2014 年，我国互联网支付中客户使用最频繁的支付工具是第三方网上支付，其次是网上银行支付平台，两者占比分别为39.7%、34.4%。第三方支付业务中线下收单和代理收付占据其规模的 60%，挤占着银行的线下业务市场份额。

综上所述，第三方支付业务从客户群体、市场资源挤压着银行的中间业务，并与传统银行的业务形成鲜明强有力的竞争关系。第三方支付的发展，给传统金融行业部分业务带来挑战，同时也激励着传统银行的思辨。

二、鲶鱼效应对金融产品创新的影响

鲶鱼效应是指在某一行业领域内通过外部竞争者的进入，促进行业的发展，使得行业更具发展活力。第三方支付的发展，并不断创新，业务开拓进入金融领域，对传统的金融领域产生巨大影响，促进了金融产品的创新，为互联网金融的发展带来动力。第三方支付的发展，在市场拥有广大的客户群，为满足市场更多需求，创新的金融产品不断被推出，促进传统银行转变盈利模式和服务理念。鲶鱼效应对金融产品创新的影响主要包括以下几个方面。

（1）第三方支付用户群不断扩大，为互联网金融的发展奠定着坚实的群众基础，占据着有利的市场份额，为金融产品的创新奠定市场基础。虽然商业银行在众人心中规模已经很强大，各大城镇都拥有大小不一的网点，全国各地都拥有相对数量的客户群。但是第三方支付平台的出现，打破了地域和空间的限制，任何时候、任何地点、任何人都可以通过手机或者电脑进行网上交易、转账、支付等，让广大的群众都参与其中，成为其客户，互联网金融的基础——第三方支付改变着人们的生活方式，同时也不断挑战着商业银行的权威。例如，阿里集团的支付宝在 2009 年用户数就达到 2 亿，用户数量超过美国 PayPal 的用户数量，跃身为全球最大的第三方支付平台。经过十年的磨砺和累积，支付宝实名注册用户在 2014 年突破 3 亿。支付宝还借助用户在淘宝购买交易诚信的记录，对客户信用信息进行管理，为其开拓金融客户群奠定了基础，此举将在争夺金融市场份额中起到举足轻重的作用。

（2）第三发支付市场的扩大，凭借巨大的客户基础，挖掘市场潜力，为金融产品的创新提供了动力。例如随着市场上拥有的客户群不断地扩大，依托强大的第三方支付平台用户，支付宝成功推出余额宝。其他各大互联网公司纷纷效仿，也陆续推出各具特色的"宝"类理财产品，并不断挤压着有限的市场，抢夺着互联网金融市场的先机和顾客群，迫使各大银行也纷纷效仿，推出各自的互联网金融战略，进军电商等互联网金融服务领域。面对新经济的发展要求和格局的变化，传统银行业只有及早融入其中，发现新的发展机会才能在互联网金融中占有一席之地。阿里集团作为最大的第三方支付平台，成功引领互联网金额的创新及发展。详见下表，中国最大的第三方支付平台：阿里巴巴集团支付宝主要发展阶段。

中国最大的第三方支付平台：阿里巴巴集团支付宝主要发展阶段

主要阶段	第三方支付平台——支付宝的主要事项
导入期	2003 年 10 月首次在淘宝网推出支付宝 2004 年 12 月支付宝成功上线并成为独立的第三方支付平台
成长期	2007 年 5 月用户数达到 4000 万 2008 年 8 月用户数达到 1 亿 2009 年 7 月用户数达到 2 亿，超过美国 eBay 旗下的电子支付平台 PayPal 成为全球领先的第三方支付企业
成熟期	2011 年 5 月，中国人民银行对其发放准许牌照，开始进入规范发展时期 2014 年，实名注册用户数量突破 3 亿 2014 年交易规模市场份额占全国的 49.60%

资料来源：《艾瑞咨询：第三方支付的发展》，2015 年。

（3）现行市场环境中，传统金融企业的金融产品和服务未能满足客户需求和市场发展要求，第三方支付平台的发展和完善，推动着金融产品的创新。随着我国市场利率化进程的不断推进，存贷款间的利息差将不断缩小，使得传统银行依靠信贷规模的扩大和较高的存款贷款利率之间的差额获取总利润的盈利模式受到威胁。互联网金融的发展倒逼传统金融行业"金融脱媒"。居民资金由之前存入传统银行转而投放到可交易的证券化资产或者各类第三方支付平台的理财资产，而资金需求者绕开传统银行，通过互联网金融企业提供的平台直接在货币市场、资本市场上完成融资，导致资产端依赖传统贷款融资比重下降，从而降低了对传统银行的依耐性，削弱了银行中介性的作用，适应了客户的需求。

为满足市场需求，P2P、众筹等金融模式和产品在第三方支付发展的基础上不断创新。第三方支付平台面对的是没有地域限制的广大散户，和全国数量众多的微小企业进行合作。中国微小企业一直面临的融资难问题，在互联网金融企业提供的服务中得到解救措施，导致银行业务市场份额的减少，也迫使银行业寻求稳固市场地位的出路，转变思维方式，不断开拓新的金融产品，改善服务质量。

综上所述，"鲇鱼效应"会不断促使传统银行业开辟新路径，克服创新不足、反应滞后等自身顽疾，促进金融产品和服务的创新，推动传统金融和互联网金融的更好发展。

三、长尾效应对开拓市场的影响

长尾效应是指聚集别人忽视的零散差异化市场，形成比主流市场更大的力量。第三方支付市场的发展，聚集了广大微小的客户群力量，形成巨大的市场，为市场开发和产品创新提供了基础。

第三方支付是在传统银行服务未能及时跟上电子商务发展的需要应运而生的一种支付手段，并在互联网金融的发展中不断推进新金融产品和服务的创新。在有限的市场中，如何满足广大客户群体的需求，获取市场份额，传统的银行业重视大型企业类的客户，而这种类型的客户在市场上之只占20%，剩余80%的小客户和散客户的需求是没有得到满足的，也是传统银行业不曾重视的领域。而如今现实生活中越来越多的领域都有互联网金融触角的渗入，互联网金融普惠、开放、公平的精神让其服务更贴近大众的需求。长尾效应对开拓市场的影响主要表现在以下几个方面。

（1）第三方支付的快速发展，打破了传统银行对客户资源的垄断，积累了广大的客户群。通过用户使用第三方支付平台进行的账号注册获取客户信息，根据产业优势，优化客户资源管理，为开拓市场奠定基础。根据中央银行发布《2014年支付体系运行总体情况》的报告显示，2014年全国办理非现金支付业务627.52亿笔，金额1817.38万亿元，其中电子支付业务333.33亿笔，金额 | 404.65万亿元。详见下表，中国支付体系运转：电子支付情况。

中国支付体系运转：电子支付情况

支付方式	业务数量（亿笔）	业务金额（万亿元）	业务数量同比增长（%）	业务金额同比增长
网上支付	285.74	1376.02	20.7	29.72
电话支付	2.34	6.04	46.11	27.41

支付方式	业务数量（亿笔）	业务金额（万亿元）	业务数量同比增长（%）	业务金额同比增长
移动支付	45.24	22.59	170.25	134.3
总和	333.32	1404.65	29.28	30.65

数据来源：《中国人民银行：2014年支付体系运行总体情况》，2015.02。

我国2014年支付体系业务总数333.33亿笔，同比增长29.28%；总计业务金额为1404.65万亿元，同比增长30.65%。纵观全局，电子支付增长速度快，规模大，市场潜力巨大。其中，业务数量中网上支付占据绝大部分市场份额，达到285.74亿笔，占比85.72%，涉及的金额也是最多，达到1376.02万亿元，占比97.96%。网上支付是电子支付最重要的支付手段。不容小觑的是移动支付的发展，其业务数量和金额同比增长分别为170.25%、134.3%。增长速度最快，增长幅度最大。说明在电子支付中移动支付将成为趋势。

（2）化零为整，整合分散资源，优化资源。第三方支付平台将零散碎片化的被传统银行忽视的中小客户的力量集结在一起，长尾效应使得互联网金融胜在数量的积累发生的质变上，从而形成巨大无比的市场力量。随着第三方支付体系中突破了时间和空间的限制的网络支付和移动支付的快速发展，方便快捷的操作和人性化的服务，能满足个性化需求的互联网金融产品将更具有吸引力，增强客户粘性，利用市场的开拓。

综上所述，长尾效应对开拓市场的影响，主要是表现在集聚分散的客户资源，获得市场整合力量，优化资源，让资源得到更好地利用，为开拓市场奠定客户群基础和资源基础。

四、蓝海效应对增强竞争力的影响

蓝海效应是指通过突破现有格局，创新产品和服务，开辟并占据新市场空间，以此得到价值增长的效应。互联网金融的发展是在现有金融没有完全满足市场需要的条件下应运而生的，将互联网开放、自由、平等、合作的精神汇入金融领域，形成互联网金融区别于传统金融行业的特点。蓝海效应对增强竞争力的影响主要体现在以下几个方面。

（1）通过审视其他产业，将现实中困境转变为发展契机，发展不同于传统银行业的产品和业务。第三方支付平台就是阿里巴巴在发展电子商务困境中创新的工具。初期，阿里巴巴开拓电子商务领域，面对买卖双方因不能当面交易而无法使用 POS 机刷卡的难题，就此开发了新的支付工具——支付宝，一款无需见面即可完成交易的在线支付方式。这种第三方支付方式只需通过实名注册即可使用，方便快捷，操作简单，资金安全也可以得到保障，不仅能有效管理信用风险，还可以自行对客户信息和账户信息进行独立管控，加强了第三方支付企业的独立性和自主性。

（2）着重产品和服务的互补性和一体化。通过分析潜在的问题和客户需求，发扬互联网开放、自主和创新的精神，通过"平台"增强产品的互补性，增强交易双方对其依赖性和黏粘性。阿里巴巴的支付宝就是连接 C2C 和 B2C 的桥梁，也是余额宝诞生的基础，第三方支付平台是价值链中的关键一环，是产品和服务创新的沃土和根基。以一个平台为基础，根据客户需求向多面相关的方向辐射扩散，该种发展模式改变了传统银行金融产品相互独立的特点，使得互联网金融更具有一体化和整合化的特质。

（3）重新界定产业的客户群体，重视客户诉求。第三方支付的用户规模不断刷新已有的记录，是因为其重视创新，以此满足客户群体的需求。2012 年 12 月 5 日，支付宝宣布推出自定义二维码收款业务，扫码支付因其便捷的方式赢得用户的青睐和推崇，在经过两年的发展以后深入到生活的各个方面。而传统银行业务如何跟进这种市场敏锐的需求，如何创新切实提高服务广大客户的质量，都是考验银行的难题。

（4）重设客户的功能性。通过产品的功能取胜，重点关注产品能给客户带来的效用和效果，以此发现新市场。余额宝的出现打破了传统银行个人理财五万起购的规定，一元也可以进行理财的余额宝由此在很短的时间内迅速成为热捧的理财产品。阿里巴巴于 2013 年 6 月率先推出"余额宝"投资理财账户产品，该产品上市仅 10 余天便吸收约 60 亿元资金。余额宝是由第三方支付平台支付宝推出的投资账户，不仅具有货币基金投资收益的功能，还能随时转入转出，也可用于购物支付，高收益和灵活转存无手续费的特点，受到市场热捧，强有力地推动了互联网金融的发展。各大互联网公司、金融企业纷纷效仿，相继推出互联网金融理财产品，随时占领市场份额。例如易付宝、盈利宝、零钱宝等。

（5）跨越群体寻求新战略方向。传统银行业在存贷利差上的市场份额已经做到很难动摇其地位的程度，但是传统银行业都具有嫌贫爱富的特质，面向贷款的客户也是大型有资质的企业，而中小微型企业融资难问题，一直没能解决。首先是银行对其审查严格，程序繁琐，对于急需现金周转的中小企业而言，时间上的等待会使其走向周转不善濒临危机的局面。第三方支付的出现，基于第三方支付平台推出的各种金融创新产品，都将普惠金融带给广大的需求者，满足人们的不时之需。打破了传统银行的垄断市场的格局，也迫使传统银行寻求新的战略方向。

综上所述，蓝海效应主要通过对市场边界、产品和服务、客户群体及客户功能的重新定义，区别于红海战略的发展，为互联网金融的发展另辟蹊径，满足客户的个性需求，增强市场竞争力，推动互联网金融的发展。

第六节　主要结论

第三方支付是互联网金融其他模式如？2P、众筹、电商小贷等发展的基础。第三方支付解决了电子商务中买卖双方由于不能面对面交易而产生的支付难题。第三方支付作为中间平台，具有独立性和公平性，能及时保护交易双方的利益不受对方损害。因此第三方支付对电子商务的发展起到了较大的推动作用。

通过对第三方支付内涵的介绍，对其本质进行剖析，其在国内外的实践经历，通过对美国第三方支付公司 PayPal 的介绍和对阿里巴巴集团的支付宝及腾讯集团财付通、微信支付的具体分析，了解第三方支付生命力强大的原因，即第三方支付是因为迎合了市场的需求。第三方支付在互联网金融的发展历程中起到核心的基础作用，从第三方支付对传统银行的挤占效应、鲶鱼效应、蓝海效应及长尾效应进行分析，进一步阐明其对传统银行的创新和转变的激励作用。

和传统银行的转账支付功能相比，第三方支付方式快捷、方便、节约成本。因此迅速获得市场份额，并不断壮大，同时对传统银行的基本业务也形成强大的冲击和影响。第三方支付在现有市场根据市场需求开辟新产品，例如支付宝推出的余额宝，通过已有的市场基础发挥出市场潜能。

尽管第三支付发展规模不断壮大，发展迅速，我国对第三方支付的规范程度也日益关注，对国内运行的第三方支付公司实行了准许牌照管理，但是第三方支付的监管还是有待增强和规范。由于互联网本身风险，如黑客攻击、设备的维护更新等，都将影响到互联网金融交易信息和客服信息的安全，如何保护客户信息和交易信息安全，都是值得深思的问题。与此同时，金融本身的风险，将使得互联网金融发展具有更多的风险和不可控因素。

总之，互联网金融的发展离不开第三方支付的支撑作用，第三方支付是互联网金融发展的基础，但是如何维护第三方支付的安全，规范其发展，监督其风险，都将是互联网金融发展途中必须解决的难题。

第五章　P2P 网络借贷平台监管研究

P2P 借贷是由活跃的民间借贷活动发展而来，民间借贷是一种古老的经济现象，它存续至今，对社会经济的发展起到重要的作用。对于现今发达的金融市场而言，民间借贷是一个模糊的概念，是对"非正规"融资活动的概括，它的出现是为了满足个人的资金需求。随着计算机技术的发展，互联网已逐渐渗透到各个领域，民间借贷也搭上了互联网快车飞速前进，一种通过网络完成个人对个人融资的模式：P2P 借贷（Peer to Peer Lending）应运而生，民间借贷跨越地域的限制拥有了更广阔的市场。

第一节　P2P 借贷平台简介

由于 P2P 借贷平台的出现，使得资金可以不经过银行在投资人与借款人之间流动，借出资金的利息一般由借贷双方按一般市场行情商定。这种通过网络构建融资平台提供借贷服务的方式，吸引了更广泛的投资人和借款人，他们的个性化需求得到匹配与满足，这大大提高了借贷活动的交易效率。

P2P 借贷平台的交易简单而便捷。首先，借款人需要在平台上注册账户并提交借款申请，申请内容包括借款金额、期限和可接受的最高利率等。其次，平台会对借款人的身份进行审核，对借款人信用进行评估，符合条件的借款人的借款需求将发布在平台的网站上。然后，投资人通过借款需求列表选定投资项目。最后，投资人将根据签订的合同获得投资收益。

P2P 借贷平台本质上属于互联网中介，其主要收入来源于对匹配成功的借贷双方收取服务费和管理费。一般线下中介仅收取服务费，但 P2P 借贷平台作为线上中介，除了双向收取必要的服务费之外，还会根据投资人的等级不同对其在平台上沉淀的资金收取不同的账户资金管理费。此外，一些 P2P 借贷平台还会收取充值费、提现费、VIP 费等。

虽然 P2P 借贷平台是成本较低的中介性质，但由于平台上大多是小额无抵押借贷，因此许多平台也在寻求风险分散的方式。目前，已有不少 P2P 借贷平台与第三方担保机构合作，一旦借款人出现逾期，第三方担保公司会代替借款人偿还其应还未还的全部本金和利息。但目前众多的担保公司鱼龙混杂，投资人在选择时慎重查看第三方担保机构的资质尤为重要，如果资质不良，这种分离风险的担保模式就会形同虚设。

通过 P2P 借贷平台，投资人将闲散资金贷给借款人并获得相应利息回报。P2P 借贷与民间借贷相比具有它独特的优势，首先，它弥补了以往借贷行为发生时的信息不对称。通过 P2P 借贷平台，投资人和借款人在签订借贷合同时，能互相了解对方的身份信息、信用信息，投资人还能及时获知借款人的还款进度。其次，它还提供了信用甄别的条件。在投资人选择投资标的时，可通过查看借款人的信用级别进行筛选，通常信用级别高的借款人可能享受更优惠的贷款利率，也更容易筹到资金。再次，它可以分散投资风险。P2P 借贷平台可将投资人的资金贷给多个借款人，这种贷款方式比一对一贷款带来的风险减少很多。最后，它的准入门槛较低，为更多人提供了投融资途径。由于 P2P 借贷参与方式简单、交易成本低，使得大量社会闲散资金通过 P2P 借贷平台得到有效的利用。

P2P 借贷的优势带来的最大影响就是推动普惠金融的发展。由于规模效应和风险控制等多种原因，大型国有商业银行的主要贷款对象仍然是规模较大的国有企业，中低收入阶层和规模较小的民营中小企业难以得到足够的信贷支持，而迅速崛起的 P2P 借贷市场的准入门槛较低，平台上允许小额无抵押借贷交易，因此，个人与中小企业融资需求通过 P2P 借贷平台可得到满足。对于闲散资金较少的中低收入阶层，可选择 P2P 借贷平台投资来满足他们的理财需求。这弥补了正规金融机构信贷服务无法全面覆盖的缺陷，也是对现有银行体系功能的弥补和延伸，为普惠金融的发展提供了客观条件。

一、P2P 借贷行业的国外运营方式

P2P 借贷最早出现在英国，由于市场准入条件低、交易简便灵活，这一借贷模式一经推出便得到广泛关注和认可，并迅速在其他国家复制。美国的 P2P 借贷行业紧跟英国之后发展壮大。目前，运营良好、知名度较高的国外 P2P

借贷平台主要有英国的 Zopa、美国的 Lending Club、德国的 Auxmoney、法国的 Pretd' Union、荷兰的 Boober、日本的 Aqush、韩国的 Popfunding 等。其中，英国的 Zopa 和美国的 Lending Club 最有代表性。作为 P2P 借贷行业的先驱，英国和美国两国在该行业的探索以及行业制度的规范、监管的完善对我国 P2P 借贷行业的借鉴意义非凡。

（1）英国 P2P 借贷。相比中国，英国有良好的金融环境，加上在探索 P2P 借贷行业中注重创新与风险管理的结合，因而 P2P 借贷行业更加成熟。英国的 P2P 借贷不仅形式多样，更有多种投资者保护工具，投资风险得到一定控制。

Zopa 是 P2P 借贷行业成立最早的公司，它成立于 2005 年 3 月。在成立初期，Zopa 是通过对投资人按确定的利率提供给借款人的贷款进行拍卖来确定借款人需支付的利率。之后，该平台变为由投资人给出预期利率，借款人接受并提交申请后才确认其实际借款利率。如今，投资人的回报率和借款人的借款利率，均由 Zopa 自己决定，这就割断了以往平台上投资人和借款人之间的联系，投资人无从知晓资金的去向，借款人也无从知晓资金的来源，他们都直接与 Zopa 签订确定回报率和借款利率的合约。

在风险控制方面，首先，Zopa 会借助于一些主流信用评分机构对借款人进行调查。英国有相当完善的个人信用评分制度，主流的信用评分机构有 Callcredit、Equifax、Experian 这三家，它们拥有大多数英国公民的信用报告，在决定贷款给借款人之前，Zopa 对借款人的了解主要依靠各家信用评分机构的信息。此外，Zopa 还会亲自调查借款人工作情况，确保此人有足够能力在未来还债。其次，Zopa 的独特之处还体现在它设置了安全基金。安全基金是从对借款人收取的手续费中提取的部分资金，这部分资金会交由非经营性信托机构 P2PSLimited 保管，并且只能依据法规，用于偿还因借款人违约而拖欠的投资人的本金与利息，Zopa 对其不再有支配权。再次，Zopa 擅长对投资人的资金分散风险。Zopa 会自动将 2000 镑以下的投资资金分成若干个 10 镑，并分别贷给不同的借款人。这种方式大大分散了由借款人违约带给投资人的风险。最后，Zopa 带给投资人最终的保障就是借贷资金与运营资金的分离管理，借贷资金被存于 Zopa 在苏格兰皇家银行单独的账户里，即使 Zopa 倒闭，投资者也可以安全收回本金。因此，Zopa 的贷款违约率长期低于 2% 是不无道理的。

除了 Zopa 平台以外，英国 P2P 借贷行业的发展也离不开 Funding Circle 、Rate Setter、Lending Works 等优秀平台对 P2P 借贷运营方式的创新。

Funding Circle 是在 2010 年 8 月成立的 P2P 借贷平台，它的客户主要是英国的中小企业。Funding Circle 针对向企业贷款的风险控制系统较为完善的企业提供贷款，它只为成立两年以上的企业提供贷款服务，并建立了一个为己所用的风险控制模型，该风险控制团队会考量贷款价值和贷款目的，个人担保、特定资产或企业全部资产抵押状况等因素有时也会考虑在内，然后通过综合机器算法和人工对企业的评估将需贷款的企业做出 A＋、A、B、C、C－五个等级的风险评级，投资人可参考 Funding Circle 风险控制系统的结论做出的投资选择。通常，企业可通过平台贷到 5000～1000000 镑的资金，平台根据风险等级收取 2％～4％不等的手续费。

成立于 2010 年 10 月的 Rate Setter，是英国颇具特色的 P2P 借贷平台，它最早建立了风险准备金机制，以此来保障投资人的资金安全。在 Rate Setter 平台上的借款人必须在借款时额外缴纳一部分费用作为风险准备金，若借款人无法按期偿还借款或者无力偿还借款时，Rate Setter 的风险准备金系统会收到平台以投资人名义发出的声明，并会及时将应还款转入投资人账户。Rate Setter 的风险准备金机制能做到对投资行为降低一定的风险，而对于逾期未还款或违约的借款人，Rate Setter 平台会与催收机构合作，若有资金被追回，则将追回的资金扣除相关费用后转回风险准备金账户。

Lending Works 成立于 2014 年，虽然它进入 P2P 借贷行业的时间不长，但其推出的"Lending Works 保护盾"可谓该平台的一大亮点。"Lending Works 保护盾"通过风险准备金和保险政策达到双重保护投资人权益的效果，其中保险政策包括借款人违约保险和网络犯罪保险。风险准备金的所有权在投资人，并且单独交由信托托管。若借款人出现逾期、违约或欺诈的情况时，投资人通过风险准备金获得应得资金，这与 Rate Setter 平台的风险准备金基本类似。不同的是，Lending Works 还有保险保障，与其合作的都是英国本土保险公司。在平台面临类似重大负面经济事件的极端风险时，保险公司会补偿投资人不超过 10％的借款资金总额，这远高于目前预期的 1.5％左右的违约率。因此，"Lending Works 保护盾"在一定程度上，可有效减少逾期未还、违约和欺诈性申请的概率。

（2）美国 P2P 借贷。Lending Club 是美国最大的 P2P 借贷平台，也是全球最大 P2P 借贷平台。如今，美国 P2P 借贷市场上，超过 90％的交易额来自 Lending Club 和 Proper。Lending Club 原本是 Facebook 上的一个应用，于 2007 年 8 月获得 A 轮融资后正式上线。作为国外最大的 P2P 借贷公司，Lending Club 有着严格的审查过程，其信用评级由 A 到 G，共分七级，Lending Club 平台会依据借款人的信用评分、信用历史、贷款金额和负债收入比率等数据进行综合评估，并给出评级，借款人有无申请贷款的资格需参考评级决定，一般信用评分超过 660 分的借款人才有资格拿到贷款，有资格的借款人，平台会自动核算出其应付的利息和费用。通过此种方式，Lending Club 平台上仅有 10％左右的借款人有资格筹得所需资金，他们是信用度极高的借款人。而信用稍差的借款人，则可通过申请高利率的贷款去筹资，这样也可补偿 Lending Club 面临的潜在风险。Lending Club 正是有了严格风控的系统，才逐渐发展壮大，并在美国资本市场上表现不凡。在美国时间 2014 年 12 月 11 日，全球最大的 P2P 借贷平台 Lending Club 正式在纽约证券交易所上市。上市后股票大涨，这对于正在遭受寒流的中国 P2P 借贷行业来说，看到了曙光；更增加了那些正在不断完善的 P2P 借贷平台和广大投资人对 P2P 借贷行业的信心。

此外，美国的 P2P 借贷行业中不得不提的是成立于 2006 年 2 月的美国第一家 P2P 借贷平台——Prosper，这家公司后来对 Zopa 有所借鉴，采取了类似于 ebay 的拍卖式，借款人提交相关借款需求申请，其中信息包括自己的个人信用评级、借款用途、能够接受的利率等相关信息，然后将相关信息发布出去，投资人进行出价，按照相关规则，最后撮合成交。Prosper 认为这种方式更加适合美国状况，并且它在 2008 年金融危机前，都是美国 P2P 市场骄傲的领头羊。然而，由于这种模式涉及美国证券交易委员会相关法律，需要整改；并且，其使用的是贷款拍卖模式，运行效率极低，被后来居上的 Lending Club 超越。自 2010 年起，Prosper 也开始运营预设利率贷款模式。

Lending Home 成立于 2013 年 9 月，是专门从事不动产抵押贷款的 P2P 借贷平台，平台的贷款期限为 6 个月或 12 个月，最高能贷款不动产价值的 80％。Lending Club 只允许合格的投资人在平台上投资，最低投资门槛为 10000 美元，单个项目投资额可低至 100 美元。

二、P2P 借贷行业国内的发展与实践

2006 年，P2P 借贷漂洋过海来到中国，我国第一家 P2P 借贷平台"宜信"诞生。此后，P2P 借贷在中国打开了市场，拍拍贷、红岭创投、人人贷、陆金所、温州贷等众多 P2P 借贷平台相继上线。P2P 借贷平台不仅解决了地域阻碍带来的匹配度低的问题，更满足了小微贷款人的筹资需求，为资金闲置者提供了一种新的投资渠道。

我国民间借贷活动的形式有很多，早期主要以实物借贷为主，现在更多的是进行货币或其他有价证券的借贷。传统的点对点民间借贷受地域限制，匹配率低，风险较高，大多是熟人圈内的借贷，浙江省的温州市当属中国最活跃的民间借贷市场。在互联网的高速发展的今天，网络向金融行业渗透，加上征信体系的不断完善，越来越多的人愿意借助互联网来完成资金借贷活动。

（1）我国 P2P 借贷行业发展历程。经历了几年的酝酿与积累，P2P 借贷市场呈现了爆发式增长。2010 年，P2P 借贷行业的市场规模仅为 19.5 亿元，2011 年的交易规模便激增近 4 倍；在 2012 年和 2013 年，该行业继续扩大市场规模；截至 2014 年，P2P 借贷行业的市场规模已达到惊人的 2528 亿元。

P2P 借贷行业在 2011 年和 2013 年都呈现井喷式的发展。2011 年和 2013 年，P2P 借贷行业的市场交易额增长率分别高达 395.9％和 399％；2012 年和 2014 年，P2P 借贷平台表现也不凡，市场交易额也有高于 100％的增长率。

P2P 借贷行业规模的迅速扩张少不了 P2P 借贷机构"全面开花"的功劳。据相关资料显示，我国 P2P 借贷行业处于最初阶段时，2009 年，全国仅有 9 家 P2P 借贷机构，2012 年之前，P2P 借贷行业的交易规模几乎是凭借初期几家 P2P 借贷平台业务发展而扩大的；而 2012—2014 年，P2P 借贷机构数量直线上升。

P2P 借贷行业在中国的发展可大致分为三个阶段。2010 年以前处于行业萌芽期，宜信、红岭创投是萌芽期的典型代表，两家平台的业务发展日臻成熟。

2010 年以后，利率市场化进入深化改革阶段，在适度宽松的货币政策下，民间资金的借贷需求旺盛，P2P 借贷行业也应时而发。由于民间资金借贷双方受地域局限而得不到充分匹配，正给了迅速发展的互联网合作的机会，这样线下交易的地域局限性很快得到解决，P2P 借贷平台的发展呈现出爆发性的增长

态势。然而，在没有约束的市场上，涌现出的 P2P 借贷平台各式各样、良莠不齐，其中，不规范的 P2P 借贷平台给行业的发展带来了混乱。没有法律法规的明文规定和相应的监管，市场上昙花一现而倒闭的 P2P 借贷平台比比皆是。而隐藏在倒闭平台下的是一桩桩恶性事件，这不仅暴露了 P2P 借贷行业的发展遭遇瓶颈，而且更严重紊乱了金融秩序，给社会造成了不利的影响。于是，狂热的创业者们开始冷静下来，理性面对行业发展存在的潜在风险，客观思考平台运营机制中存在的问题，不再盲目跟风，平台创建的大浪也开始退潮。无规矩不成方圆，在这次 P2P 借贷行业的探索中，由各平台联合成立的行业联盟出现了，第三方信用评价机构应运而生。行业的规范需要政府的支持，有政策监管作保障是行业健康发展的关键，此外，若能对接央行的信用数据库，对 P2P 借贷行业发展更是迈进了一大步。

2013 年以后，P2P 借贷行业进入规范时期。由于平台运营和管理的差别，P2P 借贷行业马太效应显现。没有摸索出平台发展管理机制的平台经营情况每况愈下，而自建风控体系并不断完善的平台发展越来越顺，口碑相传而人气更高，优胜劣汰是必然趋势。此后，行业中的佼佼者在讨论行业运营规范时自然更有主动权，也更具说服力。但对于互联网金融的新模式 P2P 借贷的监管，呼声愈来愈高。

P2P 借贷行业还在不断壮大，虽然交易额的增长率呈下降趋势，但是整体规模还在扩大。P2P 借贷平台是顺应互联网技术日臻成熟而创新出的新金融模式，它的便利不仅给众多资金需求者提供了筹资途径，也为投资人提供了一种新的资产管理方式，这种新型的互联网金融模式会越来越普及。

（2）我国 P2P 借贷行业发展瓶颈。国外的 P2P 借贷完全依赖于网络，借款利率略低于银行同期水平。然而我国新兴的 P2P 借贷与国外的 P2P 借贷不同的是，我国的线下形式更加活跃，并且借款利率明显高于同期银行利率。我国的 P2P 借贷处在监管条件差、信用机制不完善的环境中，容易滋生以 P2P 借贷的名义进行诈骗的风险。不少处于起步阶段的 P2P 借贷平台盲目地做大业务，不顾平台风险，最终经营不善而倒闭。2013 年下半年，P2P 借贷行业出现平台接连倒闭的现象，这一新兴行业在发展的快车道上突然放慢了脚步。

据 P2P 借贷行业门户 "网贷之家" 统计，2013 年 10 月—11 月间，有 39 家？2P 借贷平台出现资金链断裂问题甚至倒闭，将近 10 亿元资金受牵连。这些出问题的 P2P 借贷平台基本都有利息极高且承诺保本保息和期限极短两大特征。第一，经营较稳定的 P2P 借贷平台，一般年化收益率都不超过 15%，中国平安旗下的陆金所也只有 8.6% 左右的年化收益率。然而，这些出问题的 P2P 借贷平台中，有一半的平台给出了 4 分以上的月息，即 48% 以上的年化收益率。第二，大多数 P2P 借贷平台的投资产品期限在 2—24 个月，而不少问题平台的投资标的期限竟不到一周，甚至还有"秒标"。叱福翔创投就是利用"秒标"去吸引众多不太专业的投资人，由于其并未注重风险控制，在 2013 年 10 月 15 日上线仅一周便迅速关停。还有一些 P2P 借贷平台更是名不副实，公然在平台上线虚假的投资产品。更有不惧风险的 P2P 借贷平台进行"拆标"式运作，在 2013 年 9 月底关闭的"中财在线"，由于拆标聚集了高风险最终出现资金链断裂。由此看来，这样的风险极高。

P2P 借贷平台倒闭的灾难在 2014 年不断延续，不少投资者因为 P2P 借贷公司"跑路"而损失惨重。2014 年 4 月底，百度宣布着手全面清理不良 P2P 借贷平台，对在百度进行推广的 P2P 借贷平台"短期内全部下线"。再次上线将遵守严格的规则，分类上线，对于资质好、符合规则的网站平台采取优先上线原则，一类资质企业上线之后再操作二类企业，做到宁缺毋滥。

据相关统计显示，截至 2015 年 11 月底，国内有 2612 家 P2P 借贷平台正常运营，交易规模超过 4000 亿元，但仍有近 30% 的平台存在各种问题。对于 P2P 借贷行业面临的混沌状况来说，缺乏的是专门的立法。在没有监管的环境下，借贷平台野蛮生长，平台资质、规模都良莠不齐，最终导致 P2P 借贷行业混乱。虽然创建 P2P 借贷平台的门槛低，但保证平台顺利在激烈的竞争中生存下来实属不易，平台的集资能力、风险控制能力、团队管理能力和专业技术水平缺一不可。而专门的立法监管更能让优秀的 P2P 借贷平台锦上添花。

2013 年 12 月，上海网络借贷服务业企业联盟尝试制定了一个行业标准：《网络借贷行业准入标准》，并在上海地方范围内执行。2014 年 3 月 1 日，《温州市民间融资管理条例》出台，这是国内第一部金融地方性法规和第一部专门规范民间金融的法规。尽管网络借贷的行业规范是行业内外一致期待的，也有很多地区准备制定，但由于在全国范围内未能达成统一的 P2P 借贷行业标准，制定 P2P 借贷行业规范一直被搁浅。

在 2014 年 9 月 28 日互联网金融创新与发展论坛上，中国银监会创新监管部主任王岩岫表达了对互联网金融的态度：对互联网金融要鼓励创新，适度监管，实施差异化监管。他首次提出关于 P2P 监管的十条原则，强调 P2P 借贷行业应坚持为小微服务，坚持普惠金融的原则，并明确了 P2P 借贷行业不得从事担保，融资受托等禁区和底线。由此可见，监管层对于？2P 监管政策正在朝明确化，内容的精细化推进。

继 2015 年 7 月 18 日出台了《关于促进互联网金融健康发展的指导意见》后，2015 年 12 月 28 日，《网络借贷信息中介机构业务活动管理暂行办法（征求意见稿）》出台，《办法》强调了"卖者有责，买者自负"的理念，设置了负面清单的监管模式，明确了平台需禁止的 12 项行为，为投资人提供了甄别 P2P 借贷平台的方式。自此，互联网金融中人气最旺的 P2P 借贷模式终于告别肆意生长，走向健康发展的道路。

（3）国内 P2P 借贷平台的运营方式。近年来，我国越来越多的学者对互联网金融领域产生浓厚的兴趣，并对该领域进行研究，此前，钱金叶学者，杨飞学者将 P2P 借贷平台分为线上无担保模式、线上担保模式、线下交易模式。随着 P2P 借贷行业的发展，P2P 借贷平台的模式更多样化，笔者在前两位学者提出观点的基础上加以补充，将 P2P 借贷平台按其运营模式不同分为六类：线上无担保模式、线上担保模式、线下交易模式、债权转让模式、O2O 模式、P2B 模式和混合模式。详见下表，六类 P2P 借贷模式的特征比较。

六类 P2P 借贷模式的特征比较

名称	简介	代表平台	利润来源
线上无担保模式	网站作为单纯中介平台进行信息发布和信用甄别，借款人和投资人按照信用等级等信息安排交易，贷款发生违约风险由投资人承担。	拍拍贷	手续费、服务费
线上担保模式	网站作为复合中介平台进行信息发布和信用甄别，借款人和投资人按照信用等级等信息安排交易，贷款发生违约风险有合作的担保公司赔付本金。	陆金所开鑫贷	会员费、手续费管理费、担保费
债权转让模式	公司将资金借给借款人，然后拆细债券，通过现财产品的方式在线下转给真正的投资人，网站作为复合中介进行信息发布和信用甄别，借贷交易在线下进行。	宜信冠群驰骋	利息差、服务费保证金

名称	简介	代表平台	利润来源
O2O 模式	采用线下进行项目审核和风控，线上资金募集的操作模式。F2P 借贷平台主要负责借贷网站的维护和投资人的开发，而借款人由小贷公司或担保公司开发。	有利网向上 360 红岭创投	手续费、服务费保证金
P2B 模式	个人向企业提供借款的模式，由于单笔借贷金额高，一般都会有担保公司提供祖保，由企业提供反担保。	爱投资积木盒子	服务费、拥保费
混合模式	平台既撮合信用借款也撮合扣保借款，既支持手一工投标，也支持自动投标或定期理财产品。	人人贷	手续费、服务费保证金、担保费

资料来源：1. 钱金叶，杨飞. 中国 P2P 网络借贷的发展现状及前景 [J] —金融论坛，2012，第 1 期：46—51.

2. 零壹研究. 中国 P2P 网贷六大业务模式 [R]. 北京：零壹财经，2014.

第二节　P2P 借贷平台常见的业务类型

随着 P2P 借贷平台的日益增多，P2P 借贷行业逐渐细分化，呈现的业务类型越来越多样。对众多平台的业务进行梳理和归类后，常见的业务类型有信用借贷、股权质押贷款、抵押贷款、资产证券化贷款、委托贷款、供应链金融、银行过桥、配资贷款、保理等。相信未来的 P2P 借贷平台上还会出现更多各具特色的业务类型满足不同投资者的需求。

一、信用借贷

信用借款，是借款人无需提供抵押物，仅需提供收入证明和信用记录即可获得借款的借款方式。我国有不少 P2P 借贷平台提供小额无抵押贷款服务，为了控制风险，P2P 借贷平台会对借款人的条件进行严格审查，确保借款人有稳定的收入和信用良好，具备还款能力，借款用途符合国家规定。借款人的收入水平、个人信用数据、个人资产情况等因素是确定借款人借款额度和期限的参考条件。此外，严格遵循借款流程，建立专业的 P2P 借贷催收团队必不可少，如此才能合理控制平台风险，保障投资人的利益。目前，由于我国征信体系不健全，贷款违约率依然较高。

小额、分散是个人信用贷款最突出的特点，除信用卡业务外，银行的诸多业务中，一般没有大量的个人信用贷款资产。目前 P2P 借贷平台有两种方式寻找借款人和个人信用贷款资产：线下自行开发和与小贷公司合作开发。

线下自行开发的方式是 P2P 借贷平台通过平台自身的人气去吸引个人借款人的方式。例如在宜人贷平台上，借款人可直接提出申请，宜人贷将对借款人进行审核，符合条件的借款标的会被发布在宜人贷网站上，待投资人选定借款标的后撮合交易，最后，借款人可通过等额本息和到期一次性还本付息两种方式将所借资金和利息还给宜人贷平台，平台再将投资人应得资金转入投资人账户。在借款费用中，宜人贷会抽取部分资金作为风险准备金，以防借款人逾期未还款或无力偿还时投资人承担的巨大风险，这与英国 Rate Setter 和 Lending Works 平台的风险控制方式类似。P2P 借贷早期主要采用的是自己开发个人借款人的模式，这种模式不会涉及很多法律问题，并且风险单一，来源于借款人违约。一般个人信用借款申请的额度并不高，均在借款人的承受能力范围内，因此，通过线下自行开发 P2P 个人信用贷款的平台需更多的关注借款人的还款意愿。

与小贷公司合作开发的方式是借款人通过小贷公司的推荐使其参与 P2P 借贷平台上借贷活动的方式。首先，借款人向小贷公司申请借款，通过小贷公司审核后将借款人推荐到 P2P 借贷平台，然后借款人向 P2P 借贷平台申请借款，经过平台审核后在平台上发布借款标的，并撮合借贷双方交易。这种方式可帮助 P2P 借贷平台在开发借款人方面节约一定的成本，此时，平台充当了线下小贷公司与线上投资人的中介。

二、股权质押贷款

股权质押属于一种权利质押，股票持有人通过持有公司股份质押给 P2P 借贷平台提供反担保，从平台上发标借款。此种方式不割售股票持有人所持的股票，但是，若借款人到期不能偿还借款，投资人可以依照约定就股份折价受偿，或从出售质押股份的所得资金中优先受偿。

P2P 借贷平台上的股权质押贷款的办理流程简单、标准、快捷，无需转移股票账户，且借款的期限灵活，额度自由，质押期内融资额度可循环使用，同其他 P2P 贷款相比有其特有优势，牛市环境下也相对较安全。P2P 股权质押贷款适用于大额企业借款，风险在于股权价值波动大，股权变现困难。

P2P 股权质押贷款的借款期限范围一般在 30 天至 2 年，借款的额度不受限制，并且在质押期内融资额度可以循环使用，各类融资需求都能得到满足。除此之外，与其他借款融资方式相比，P2P 借贷平台股权质押贷款所需承担的综合资金成本也比较低。

股权质押的优势体现在：首先，P2P 借贷平台上的股权质押贷款的办理流程简单、标准、快捷，无需转移股票账户。其次，借款的期限灵活，额度自由，融资期限在 30 天至 2 年以内，质押期内融资额度可循环使用。最后，和其他 P2P 贷款比有其特有优势。相比于信用贷款，股权质押安全性更高，牛市中进行股权质押贷款的安全性比房抵贷款和车抵贷款更高；与房抵贷款相比，股权质押贷款能在更短的时间内获得相同收益率，与车抵贷款相比，操作股权质押贷款的平台可省去线下审核人员的成本，风控原理更简单；与股票配资相比，股权质押贷款的使用范围更大，借款人来源更广。

当然，股权质押模式的 P2P 借贷也有其缺陷。第一，由于股权自身价格的波动性很大，特别是上市公司的股票，虽然抵押的成数可以调低，但是市场价格仍然有概率跌破股权质押的价值。第二，上市股票存在停牌、退市等风险，造成借款人无法及时卖出股票，还款资金逾期，占用平台的风险准备金。第三，对于线下公司的股权，由于投资人获得的信息不对称，存在借款人进行关联交易，掏空公司，使得股权价值减为零的可能。第四，股权质押的借款人数随着股市的牛熊变化而增减，借贷平台无法单靠这一种产品获得稳定的营业额，仍需要其他方面的营收来保持稳定的现金流收入。

了解了 P2P 借贷行业股权质押的特征后，它未来的发展存在诸多机遇。在政府支持方面，P2P 借贷平台上的股权质押贷款是互联网金融行业中国家政策大力推进和发展的方向，政策支持具有可持续性，借款人会更多地考虑 P2P 借贷和股权融资。在宏观经济方面，我国利率市场化持续推进，存款保险制度落地，未来银行存款会更多地转变为投资，进入股市债市，以及互联网金融产品，投资人进行网络投资会更普遍。此外，借助互联网和大数据技术的快速发展，P2P 平台上的股权质押贷款审核成本更低，申请效率更高，放贷量会稳步上升，蚕食线下的银行、小贷公司、典当行等传统金融信贷机构的小额贷款客户。

在 P2P 借贷行业发展的过程中，必定也伴随着风险。第一，在监管风险上，由于 P2P 借贷行业的监管细则尚未出台，P2P 借贷平台操作股权质押贷款的具体标准和条件、业务模式和形态都存在不确定性。第二，在法律风险上，股权质押贷款在合法合规上有一些限制性规定需要注意。如股权质押因为违反《公司法》的关于股权转让的禁止性规定而失效（详见《公司法》第 142 条）；合伙制企业和中外合资企业的股权质押需要符合《中外合资经营企业法实施条例》《外资企业法》《合伙企业法》等法规，某合伙人或者国内股东单方面质押公司股份的行为是无效的，需要经过全体合伙人或者其他中外合营方的一致同意，而且由于普通合伙人对合伙制企业具有无限连带责任，受其他合伙人或者合伙公司的债务拖累，可能导致质押的股权价值大幅缩水。再如，股权质押操作中由于忽略法定规则而导致质押失效。我国《物权法》和《证券公司股票质押贷款管理办法》对非上市公司股权和上市公司股票质押生效要求不同，登记部门不同。除了一般的股权质押手续和合同签订外，非上市公司的股权质押还需要在工商行政管理部门登记，上市公司的股权质押需要在证券登记机构登记，否则质押不产生法律效力，追偿没有保障。第三，在逾期违约风险上，由于 P2P 平台的产品普遍存在期限错配，以短借长的特点，股票虽然流动性较好，但是仍然需要充足的备用金，应对上市公司股票停牌、退市等流动性风险，以及非上市公司股份变现可能遇到的困难，例如老板转移资产掏空公司等等。

股权质押贷款的竞争加剧。不仅 P2P 借贷平台数量急剧增加，同质产品竞争加剧，利润也大幅降低，而且传统的金融机构也不断进行着互联网化，依靠多年累积下来的强大风控能力，不断填补成本劣势。

三、资产证券化

资产证券化是将现金流或者资产组合成资产池为基础，发行具有不同金融属性的可交易证券进行融资的一种形式，其本质在于对能够产生未来现金流的资产进行重新分配，形成资产池。资产证券化起源于 1970 年美国政府国民抵押协会发行的抵押支持证券——房贷转付证券，即将不动产抵押贷款进行证券化。1985 年后，资产证券化不断运用到房产抵押贷款以外的范围，并成为运用广泛的金融创新工具。租赁合同、信用卡债权、车贷，甚至风险极高的不良贷款和次级贷款等都可成为资产证券化产品。欧洲在 20 世纪 80 年代初期出现了资产证券化,日本在 20 世纪 90 年代初期通过了证券化的法令,它们都是资产证券化的先行者,对我国的资产证券化都有借鉴意义。国内的资产证券化在 2005 年才出现,起初是进行小规模试点,但 2008 年爆发的美国次贷危机给我国的金融衍生工具市场敲响了警钟,我国监管层迅速提高谨慎,暂停了资产证券化的进程,直到 2012 年才恢复发展。金融市场重振旗鼓后,吸引了更多的参与者,市场结构更多样,有了他国前车之鉴,我国的金融产品在设计上更加合理,我国的资产证券化继续在探索中前行。

在国内 P2P 借贷市场火热的同时,资产证券化业务也被融入到 P2P 借贷行业成为炙手可热的创新类产品。P2P 借贷模式下的资产证券化就是将线下非标准的企业债打包,并组合成线上资产池在平台上融资。P2P 债权在二级市场的转让过程有三步:投资人先从行业 P2P 平台选出项目,然后进行投资持有债权;投资家将债权按照期限进行归类打包,形成债权组合;在二级市场将上述债权组合进行出售,将收益权转让给投资人。由于目前债权转让二级平台所转让的项目,投资人并不能直接看到被转让的债权在什么平台投资、投资何种项目以及投资期限,甚至看不到转让人,因此平台存在暗箱操作的问题。

模仿资产证券化的方式,P2P 借贷平台上出现了很多类似的产品。保理公司或资产管理公司可能从小贷公司手中购买其持有的债权,然后通过 P2P 平台卖给投资人,此时投资人买到的是产品的部分份额,最后保理公司或资产管理公司会担保回购。这种方式中没有 SPV 牵头运作,也没有评级增信等资产证券化应有的步骤,仅存在合同转让关系,与资产证券化的形式有些差距。如今的 P2P 资产证券化产品已加入交易所挂牌的步骤,给产品增信,与真正的资产证券化更加相似,PP money 的"安稳盈"就是此种方式实践的先驱。

万惠投融于 2012 年 12 月 12 日上线,此后更名为 PP money。广东太平洋资产管理集团是 PP money 的母公司,在 2014 年 2 月 28 日,其母公司通过在产权交易所挂牌转让信贷资产收益权的方式,向深圳中源小贷公司和金润小贷公司分别提供融资,此产品就是"安稳盈系列小额信贷资产收益权投资计划"。2014 年,"安稳盈"产品的交易额占平台总交易额超过 21%,仅此类产品涉及的资金量就高达 8.66 亿元,成为 PP money 第二大产品。在这个类资产证券化产品中,小贷公司是发起人,PP money 的母公司可看做"类 SPV",负责甄别发起人,将满足要求的资产打包并推荐至深圳联交所、前海金交所、广州金交所等机构进行挂牌转让。这些机构需履行登记托管和监督的义务，对项目资质、资金往来负责，对资产包起到增信的作用。然后，关联的第三方保理公司摘牌，将资产包转让给 PP money 的母公司。通过其母公司的私募渠道和线上的 PP money 平台销售资产包收益权。小贷公司在资产包到期后进行回购，并与股东、担保公司、PP—money 平台等提供本息担保。

四、供应链金融

供应链金融，是金融机构与核心企业及其上下游中小企业建立信息流、资金流和物流等的运作模式，这种模式将多个小企业的风险转变为这条供应链上的整体风险，从而使风险更能被有效地控制。而 P2P 借贷与供应链金融合作就是以核心企业为首形成的供应链利用核心企业的良好信用在 P2P 借贷平台上进行融资的方式。一般情况下，在主营业务之外的小贷会与 P2P 借贷合作，还有些上市公司出现资金短缺时，由于资金来源的杠杆限制，也会选择与 P2P 借贷合作。

如今，A 股中的上市公司与 P2P 借贷合作的至少有 60 家，上市公司以上游企业应收账款融资和下游企业信用贷款的方式参股或控股 P2P 借贷平台。由于在供应链运营中，上游的供应商对上市公司提供产品或服务时不会立即结账，因此，在赊销期间，供应商为了防止自身的资金链断裂，在得不到传统金融机构的贷款帮助下，自然将求助的目光转向了 P2P 借贷平台。

但是，由于质押物或企业资产的市场价格的波动很难预测，P2P 昔贷平台根据核心企业的信用状况为其上下游企业提供融资支持的方式也存在供应链上的集中风险。例如，一家企业通过 P2P 借贷平台发布借款信息，平台联合供应链采购原材料并将原材料金融借款给客户工厂，同时将企业的货物质押于平台。其中，质押物品价格的波动以及应收账款的收回都存在一定风险。

对于上游企业，以鹏金所为例，"鹏金链"产品就是专门针对上市公司股东供应商的应收账款做短期融资，贷款到期后，还款通过上市公司的应收账款将相应本息返还给投资人。上市公司的做法减少了融资方的资金成本，投资人可获得 8%～10%的收益。对于下游企业，以"友金所"为例，平台通过对核心企业下游经销商货单及发票等数据获取，对其信用进行评估，完成经销商贷款定价和风险控制等措施，但货单及发票贸易活动真实性是其中的风险所在。通常情况下，友金所会要求融资方追加国内贸易保险，投资人会通过要求核心企业发货到指定仓储自行监管，将物权转移到自己身上。由于友金所缺乏如银行对核心企业的综合授信、物流管控机制，所以，对贸易活动的真实性审查困难重重。此外，友金所通过其代理商进行资产端上的项目获取也成为平台上的新利润点。

虽说供应链金融的业务风险难以把控，但着实是一块大蛋糕，P2P借贷平台涉及贸易融资领域，是一个重要的创新。未来，P2P借贷平台会在该业务的探索中不断完善。

五、融资租赁贷款

融资租赁是指出租人根据承租人对租赁物件的特定要求和对供货人的选择，出资向供货人购买租赁物件，并租给承租人使用，承租人则分期向出租人支付租金，在租赁期内租赁物件的所有权属于出租人所有，承租人拥有租赁物件的使用权。融资租赁主要包括回租融资租赁、杠杆融资租赁、委托融资租赁、项目融资租赁等。在互联网金融中，借贷平台所对接的融资租赁项目主要为回租融资租赁，回租租赁是指设备的所有者先将设备按市场价格卖给出租人，然后又以租赁的方式租回原来设备的一种方式。

融资租赁在我国有着较悠远的历史。1984 年东方融资租赁公司成立，拉开了融资租赁行业的序幕。然而，在接下来的十几年，因为体制改革、政企分离等原因造成行业里租金拖欠等不规范行为，直到 1998 年该类行业问题才得到逐渐解决。《外商投资租赁业管理方法》和《外商投资租赁业合同法》分别于 2001 年和 1999 年开始生效，带领我国的融资租赁行业进入法制时期。在 2004 年，全国人大启动《融资租赁法》的立法工作，内资融资租赁的试点正式开放。随后融资租赁进入了快速的发展，根据零壹融资租赁研究中心的不完全统计，截至 2015 年 3 月底，全国注册的融资租赁公司 2121 家。金融租赁公司 30 家（不含 3 家已获批筹建但未开业的公司），内资租赁公司 191 家（不含被取消试点资格的中国铁路工程机械租赁中心），外资租赁公司 1900 家。

融资租赁连接线下实体经济，多以医疗设备、交通运输设备、工程机械设备等行业为主。然而，由于行业特点的原因，融资租赁的单一项目金额通常较为庞大，且目前国内融资租赁行业的资金来源较为单一，主要为银行贷款或资产证券化，且常常由于项目资金量过多导致租赁公司无法提高流动性、盘活资产。而互联网金融的创新模式在一定程度上为融资租赁提供了更广泛的资金来源，为融资租赁公司的进一步拓展提供了帮助。

目前，融资租赁与网贷平台的合作主要有收益权转让的模式和债权转让模式。收益权转让模式为融资租赁公司与承租企业签订融资租赁协议后，把该笔融资租赁资产收益权通过 P2P 平台转让给投资人，由融资租赁公司向承租企业收取租金再按照合约定期向投资人还本付息，融资租赁公司赚取二者差价。

而债权转让模式相对简单，承租企业直接在平台上发起项目，平台根据对承租企业的承租合同、盈利能力和租赁物做尽职调查，并把信息在平台上向投资人披露；项目成立后，承租企业通过融资租赁公司签订融资租赁协议取得设备使用权，融资租赁公司则把该笔融资租赁债权转让给投资人，承租企业再定期向租赁公司支付租金，该租金由 P2P 平台或委托银行代为监管，用以偿还投资人。租金支付完毕、项目到期后，租赁公司再向承租企业转让设备所有权。以普资华企为例，介绍融资租赁债权转让方式的运营流程。

某融资租赁有限公司将对于某承租人的应收融资租赁租金债权转让给上海信於资产管理有限公司，再由上海信於资产管理公司委托上海江泊投资管理有限公司在其互联网平台"普资华企"上向投资人销售，最终实现债权通过上海信於资产管理有限公司转让给个人投资者，所筹集资金用于融资租赁公司其他融资租赁项目。

六、其他业务类型

P2P 借贷平台上常有通过房地产、车辆、艺术品等资产作为抵押来申请贷款。通过用贵重资产作抵押进行贷款为投资人提供一定的担保，一定程度上减小了投资人的投资风险。

（1）房地产抵押贷款。在 P2P 借贷平台上，借款人可以通过自有房地产作为抵押物而发标借款。房产抵押贷款的利率一般在 10％以上。这类贷款存在房价下降、变现难等风险。

与大部分 P2P 借贷业务不同的是，房产抵押必须采用线上和线下相结合的方式，线下需对抵押房屋进行实地考察，这也是房产抵押贷款业务规模不能迅速在全国范围内快速扩张原因。对于 P2P 借贷平台来说，要先在当地设营业网点，然后进一步拓展房产抵押贷款业务，也可通过与当地小额贷款公司合作的方式进行业务扩张，但这样业务的主动权就在小额贷款公司，P2P 借贷平台并不好掌控借款人的质量，由于平台与借款人之间存在小贷公司，也会增加借款人的贷款成本。P2P 借贷平台开展房产抵押贷款以短期融资为主，平台在借款期限的设定上基本上以 12 个月以内为主，融资成本高于银行。而银行贷款一般是中长期贷款，短期对借款人的要求会较高，因此 P2P 借贷平台房产抵押贷款比较适合短期内急需资金周转的企业或个人。

（2）车辆抵押贷款，是借款人将车辆作为抵押物进行网络借贷的方式，此类贷款一般金额较小，通常用于解决短期资金周转的问题。风险包括车辆损毁、骗贷、折价等。

以"名车贷"为例，在借款人办理车辆抵押登记时，名车贷的工作人员会与借款人一同去当地车管所办理车辆抵押登记手续；为了随时能监控抵押车辆，名车贷工作人员为抵押车辆装上 GPS 监控；工作人员会将抵押车辆停放在指定地点并上锁，车钥匙和借款人的申请资料一并存放于保险箱中。此外，投资人也是监督人，名车贷给抵押车辆安装了实时跟踪定位系统，投资人可查阅每一辆抵押车辆的实时位置。在名车贷的大厅内，还置有几台液晶显示屏，抵押车辆的实时定位信息会显示在屏幕上，做到让投资人安心。

（3）艺术品抵押贷款。艺术品的流通性和抵押率是 P2P 借贷平台制定项目收益率和标的定价的关键，如今，似乎一切有价值的物品都可作为抵押在 P2P 借贷平台上融资。因此，珍贵的艺术品出现在 P2P 借贷平台上也不足为奇。

以"爱投资"为例，2014 年 10 月 21 日，爱投资上线了"爱收藏系列质押项目"，作为首期上线的徐悲鸿名画《双吉图》，收到诸多投资人青睐，上线仅 10 分钟已完成融资目标 100 万元。该幅名画是由北京某文化公司质押的，借款期限 6 个月，年化收益率为 10％。尽管艺术品抵押受到投资者喜爱，但该业务存在抵押物难以市场估值不一致、变现难等风险。此外，对艺术品的鉴别是对项目风险把关的重要环节，平台工作人员须做好相应调研，与专业机构合作，并且，专家对艺术品出具鉴定书也增加了项目的相关成本。

（4）知识产权抵押。知识产权抵押至少有双重风险，其一，难以对商标专用权、专利权、著作权进行准确的价值评估；其二，与艺术品质押相比，知识产权质押变现更加困难，市场需求非常有限。尤其是在国内知识产权保护意识并不高、交易市场狭小的环境下，其流转范围和交易对象都是非常有限。

（5）票据。在 P2P 借贷平台的业务流程中，借款人可将银行承兑汇票抵押给平台，为规避法律风险，票据一般由第三方支付公司或银行托管，随后平台发布借款标的，投资人进行投标。此模式下，借款期限一般与票据到期时间一致，借款人不再赎回票据，借款标到期后，由平台或第三方托管机构直接到开票行承兑汇票，用承兑金额完成对投资人还款。

由于银行承兑汇票贴现利率约 6%，该种模式的利率也基本维持在 6%～7%，或由其他方式补贴，给投资人较高利率，虽然其仍明显低于其他 P2P 借贷平台，但仍然高于银行其他理财产品的收益。鉴于以上优势，加之风险较低，相当于给了普通民众接触票据理财的渠道，因此标的一上线，往往就被"秒抢"。当然，在该类业务中应注意假票、背书错误、兑付违约等风险。

（6）配资，即通过在线申请，借款人用少量的自有资金做本金，向平台理财人借入本金几倍以上（按照一定的配资比例）的资金，这些资金全部注入平台指定的账户中。这种资金的比例一般从 1∶1 到 1∶5 不等，即如果投资者原有本金 10 万元，最大可以通过杠杆放大到 50 万元。借款人在原有资金的基础上，通过一定的杠杆，在平台上发布借款标的融资。包括股票配资、期货配资等。风险控制最核心的就是控制风险的平仓线，所有平台与配资人签有配资借贷协议，协议对配资借款人操作股票类型、股票仓位控制、风险提醒位、强制平仓位均有严格要求。P2P 借贷平台和配资的结合就是典型的优势互补，配资资金会越来越大，P2P 风险也更可控。只要风险控制得当，年化收益率达到 13%～20% 是能够保证的。

（7）保理。P2P 借贷平台的保理业务是保理提供业务、P2P 提供融资渠道的合作模式，分为保理业务自身和保理对接 P2P 两个环节。在保理这一环节，若供应商与采购方签订商品或服务销售合同时产生了应收账款，此时供应商成为债权人，采购方是债务人，供应商将合同产生的应收账款转让给保理公司，再由保理公司为供应商提供贸易融资。此外，保理公司还负责应收账款催收、风险控制与坏账担保、销售分户账管理等。保理公司通过 P2P 借贷平台募集资金再次转让应收账款，同意溢价回购，年化收益率可达到 9%～13%，按月付息给平台投资人。在整个链条中，应收账款的收益权为核心资产。因此，该业务存在应收账款真实性、违约及重复抵押三大风险。

（8）银行过桥，是一种短期资金的融通，期限以六个月为限，是一种与长期资金相对接的资金。提供过桥资金的目的是通过过桥资金的融通，达到与长期资金对接的条件，然后以长期资金替代过桥资金。过桥只是一种暂时状态，这类贷款的主要风险在于银行是否续贷。

过桥贷款成为 P2P 平台业务扩张的重要选择。据网贷之家统计，截至 2014 年 11 月末，P2P 平台贷款余额为 896.41 亿元。从借款期限来看，广东、四川和长三角地区等通过 P2P 借贷平台融资的企业，年内借贷期限平均为 3 个月左右。由于前两年高利贷崩盘危机给民间借贷市场的信用环境蒙上了阴影，小额贷款公司等行业的业务量没有大幅提升，短期贷款需求给网络借贷平台带来了机会。91 金融公司推出的"91 旺财"就是基于过桥贷款需求做互联网直接的理财平台。由于过桥贷款期限短，最多不超过 3 个月，并且这些企业都是银行之前审核过的企业，一般都有抵押物，抵押物可以变现，因此，投资风险不大。企业在平台上的过桥贷款成本为年化利率 20% 左右，个人投资者可获得 8%～12% 的年化预期收益率。相比主流 P2P 平台上 15%～24% 的企业融资成本和小额贷款公司 30% 左右的融资成本，P2P 平台贷款的成本相对较低。

（9）商业银行委托贷款，是指委托人提供资金，由商业银行根据委托人确定的贷款对象、用途、金额期限、利率等，作为中间人向借款人代为发放、监督使用并协助收回贷款。银行只收取手续费，不承担信用风险·通过银行委托贷款，可提高 P2P 借贷平台业务操作流程的规范性，银行对借款人能起到一定的监督作用，从而一定程度上增加了投资者资金的安全性。当然，P2P 借贷平台面临的风险大小关键取决于借款人的偿债能力。

第三节　P2P 借贷行业 SCP 分析研究

SCP（Structure — Conduct — Performance）模型是由贝恩、谢勒等人建立的，是美国哈佛大学产业经济学权威的研究成果。SCP 模型即通过结构、行为、绩效三个方面对一个行业进行分析。该模型提供了一个既系统又具体的产业分析框架。"企业在市场中的行为决定于市场的结构，企业的行为影响市场运行中各方面的经济绩效"是 SCP 框架的核心内容。

行业结构主要是指外部各种环境的变化对企业所在行业可能的影响，包括行业竞争的变化、产品需求的变化、细分市场的变化、营销模型的变化等。企业行为主要是指企业针对外部的冲击和行业结构的变化，有可能采取的应对措施，包括企业方面对相关业务单元的整合、业务的扩张与收缩、营运方式的转变、管理的变革等一系列变动。经营绩效主要是指在外部环境方面发生变化的情况下，企业在经营利润、产品成本、市场份额等方面的变化趋势。

一、行业行为分析

企业行为是市场结构、经济绩效的联系纽带，企业行为通过各种策略对潜在进入者施加压力从而影响市场结构。但必须在不完全竞争市场中讨论企业行为方有意义，完全竞争市场中企业微弱的市场控制力决定了企业广告、窜谋等行为的无效性，企业可以按照市场价格销售任何数量的产品。

价格行为成为竞争的主要手段，提高利率成为各平台尤其是新进企业的重要竞争手段。据法律规定，"民间借贷利率最高不得超过银行同类贷款利率的四倍。超出此限度的，超出部分利息不予保护。"然而很多 P2P 借贷公司为抢占市场份额不断提高利率，早已超过银行的 4 倍。其次，在 P2P 借贷平台中，存在部分隐性的价格歧视，由于市场份额较高的 P2P 借贷平台都有自己的会员社区，有积分累积活动，积分不仅可用来兑换商品，更是借款人参与度和信用的体现，在借款要求中，部分 P2P 借贷平台会对积分有明确规定，积分化作信用，可视作隐形的价格歧视。

非价格行为方面，广告成为新进公司的主要宣传手段。除常规宣传外，互联网宣传，如通过微博、自建社区和财经论坛等平台进行推介成为了时下 P2P 借贷平台的宣传趋势。而主流媒体的宣传报道尤其受平台重视，人人贷平台曾多次被央视节目报道。广告宣传在提高平台吸引力的同时加强了厂商的稳定性，使其拥有更加庞大和稳定的客户群体，更易形成规模经济，提高市场集中度并增强进入壁垒。此外，营销策略也至关重要，各平台都力争创新营销方式，2012 年陆金所曾经使用过"饥饿营销"，成立初期依托背后雄厚财力，连续几天定时在网站公布一款年化利率很高的借贷投资品，吸引了大量投资者的抢购。

二、行业绩效分析

行业经营绩效是指在特定的市场结构下，特定的企业行为在该行业中各个方面达到的状态，企业被考核的各个方面包括产品价格、产量、成本、利润、产品质量、品种及技术进入等。

在 P2P 借贷行业，对知名的十家 P2P 借贷平台的成交额、平均利润率、平均借款期限和收益四个方面进行考核。从网贷之家公布的 P2P 借贷平台 2015 年 10 月的数据来看，红岭创投以 83.42 亿元的月成交额高居首位，是第二名陆金所月成交额的两倍有余。各平台的利率也相差很大，翼龙贷该月平均利率最高，达到 17.46%，陆金所的平均利率为 7.44%，是前十名中平均利率最低的，不到翼龙贷平均利率的一半。高收益伴随着高风险，陆金所是目前国内 P2P 借贷行业发展较成熟的平台，其产品的收益率虽然不及其他平台，但安全性还是受到众多投资者的青睐。该月各平台收益也大不相同，也有负收益的现象出现，因此，对于 P2P 借贷行业来说仍存在一定风险。详见下表，2015 年 10 月 P2P 借贷平台交易数据。

2015 年 10 月 P2P 借贷平台交易数据

排名	平台名称	成交额（亿元）	平均利率（%）	平均借款期限（月）	收益（亿元）
1	红岭创投	83.42	9.34	2.31	5.54
2	陆金所	38.78	7.44	25.28	21.36
3	PPmoney	35.32	10.45	2.85	3.44
4	翼龙贷	28.25	17.46	11.07	24.55
5	投米网	22.15	7.91	12.53	14.18
6	鑫合汇	21.46	8.94	0.99	2.17
7	小牛在线	17.16	13.93	10.22	13.24
8	微贷网	15.23	10.76	2.2	−0.73
9	你我贷	15.22	13.11	34.49	12.24
10	金融工场	14.23	9.03	1.62	5.66

数据来源：《艾瑞咨询：中国 P2P 行业发展报告》，2015 年。

其次，平台贷款利率与平台收益率并不同，P2P 借贷平台的贷款利率高并不代表平台的收益率也高，高贷款利率必然伴随着高风险。8 家 P2P 借贷平台 2015 年一季度的平台收益率详见表，2015 年一季度 P2P 借贷平台收益排行榜。

2015 年一季度 P2P 借贷平台收益排行榜

排名	平台名称	收益率（%）	上线时间
1	翼龙贷	17.93	2011 年
2	微贷网	14.91	2011 年 8 月
3	红岭创投	13.37	2009 年 3 月
4	人人贷	12.13	2010 年
5	宜人贷	11.81	2006 年
6	有利网	9.53	2013 年 2 月
7	积木盒子	9.35	2013 年 8 月
8	陆金所	7.17	2011 年 9 月

资料来源：《艾瑞咨询：中国 P2P 行业发诚报告》，2015 年。

一般情况下，贷款利率较高的平台市场势力很小，成交额和份额较低，因为其无法形成规模经济和垄断地位，所以只能靠更高的收益率来吸引投资者以扩大规模，而市场份额前 10 名的 P2P 借贷平台贷款收益率普遍较低。技术进步主要体现在 P2P 借贷平台交易和信息安全性的增加，安全、便捷等方面的技术进步。如：陆金所对其 P2P 借贷平台使用的安全技术进行了主要包括数据加密技术、账户绑定等方面的技术创新。各平台都在努力创新技术以增强资料和交易的安全性。高风险成为 P2P 借贷不可避免的问题。网络交易与部分无担保交易、低进人门槛等因素都造成了整个行业处于极大的风险状态之中。

第四节　主要结论

通过对国内 P2P 借贷行业的由萌芽走向成熟的探索过程及并对国内该行业发展过程中所面临问题的研究。本书认为，我国该行业的发展虽然较晚，但一触而发的势头已不亚于欧美 P2P 行业的先驱。我国的 P2P 借贷平台基数大，因此业务类型也是花样众多。

目前，我国 P2P 借贷行业正在急速发展，未来更会不断完善，P2P 借贷行业仍有广阔的前景。从行业面临的需求来看，P2P 借贷行业应该有着广阔的市场和发展前景。一方面国内存在很多融资困难的小微企业，融资需求巨大；

另一方面随着金融市场的不断发展，国内投资人的投资需求也是十分强烈。不过，目前国内 P2P 借贷行业的成交规模与理想规模却存在着很大差距。国内 P2P 借贷行业成交规模有限，区域化、梯度化发展趋势，贷款期限短、贷款利率高，行业内部竞争激烈的现象明显。从宏观环境来看，首先，由于之前 P2P 借贷行业监管层面的缺失，导致了国内 P2P 借贷平台灰色行为无法得到管理，致使投资人对整个 P2P 借贷行业产生低迷情绪，影响整个行业的成交规模。

如今，《网络借贷信息中介机构业务活动管理暂行办法（征求意见稿）》刚刚发布，其监管成效还有待时间的检验。

其次，经济的区域化现象导致了行业区域化发展，加大了区域经济的风险。再次，信用系统的不完善，也加大平台对借款人的审核难度。P2P 是一个高风险的行业，想要 P2P 贷款行业发展到一定规模，就必须建立有效的征信体系，为 P2P 借贷平台风控服务。只有平台控制住自身的风险，行业内的恶性事件发生的概率才会降低。因此在未来的 P2P 借贷行业发展中，还需继续完善监管规范，积极建立行业内部的自律组织，让 P2P 借贷行业能健康有序地发展，切实为国内小微融资需求提供帮助，促进国内经济的稳步发展。

第六章　股权众筹融资监管研究

第一节　股权投资的方式

我国目前的股权投资，通常按项目所处发展阶段来划分，主要分为天使投资、VC 投资、PE 投资、Pre－IPO 投资四大类，下面分别加以说明。

一、天使投资

天使投资一般是创业企业最初形成阶段（种子期）的主要融资方式，主要由富有个人或天使机构直接向企业进行的一次性投资。天使投资者不仅向创业企业提供资金，往往还利用其专业背景和自身资源帮助创业企业获得成功。

1. 天使投资的主要标准如下。

（1）创业者或创业团队有热情、有头脑、有经验，能力全面、思想开放。天使投资机构通常不会投没有经验的"新手"，这样风险太高。同时希望企业的创业团队中的核心成员在相关领域有工作经验和良好的业缓，头脑灵活不偏执、容易沟通。

（2）有可供验证的产品或服务。通常，大多数天使投资机构不会凭着一纸商业计划书投资，而是希望创业团队已经开发出可供验证的产品，最好已经有一定数量的用户。有时候，如果天使机构和创业团队是多年的朋友，而且创业团队之前有非常成功的经验，天使投资人也不排除会对创意（通常称 idea）进行投资。

（3）有成长潜力和广阔的市场空间。由于天使投资承担着比普通投资更大的风险，因此常常期望比普通投资更大的回报，所以天使投资更加强调企业商业模式有"爆发式增长"的潜力，也就是商业模式本身要有充分的可扩张性。

如互联网商业模式，只要针对的受众群够大，往往都具备良好的可扩张性；传统行业中，如连锁经营行业，可扩张性取决于优秀的管理、运营与低资产扩张能力。能赚钱的生意很多，特别在传统行业，很多看起来很平常的生意做得好都会非常赚钱，但并不意味着有潜力做大。

（4）商业模式可行、产业链定位清晰。商业模式可行不仅指企业运营在商业模式上可以盈利，同时还要在现实中有操作可行性。另外，企业还要考虑在整个产业链当中的定位和价值。产业链定位不够清晰的企业，往往会遇到经营上的困难；如果企业处于经营的"红海"位置，那么就要求企业在模式和资源上有过人之处，能够形成竞争壁垒；如果企业处于经营的"蓝海"位置，那么就要求企业在成功的各个关键点上能够以某种形式验证。

（5）风险可以控制。风险有内部风险和外部风险。内部风险可能来自于产品、技术、团队、管理、运营、财务等方面；外部风险可能来自于竞争对手、法律政策、市场环境等方面。所有投资人都不喜欢带有"赌博"性质的投资，不希望企业的商业模式在某个关键点上有较大的不确定性，不希望企业的成功高度依赖于某些不稳定的资源。

二、VC 投资

VC（Venture Capital）投资，即风险投资，又称"创业投资"。VC 投资是典型的企业成长与科技成果转化的孵化器。该类投资是集金融服务、管理服务、市场营销服务于一体的全方位战略投资，不仅为种子期和扩展期的企业带来了发展资金，还带来了先进的创业理念和企业管理模式，帮助企业解决各类创业难题，使很多中小企业得以跨越式发展。因此，风险投资是优化现有企业生产要素组合、把科学技术转化为生产力的催化剂。

一般来说，VC 机构从以下 5 个方面评估企业是否符合他们的项目评选 标准。

1. 商业计划具备可行性

VC 机构一般先评估企业的商业计划书是否合理，数据是否翔实，是否能够按计划吸引到投资，是否能完整地说明企业的经营现状、营运规划及未来的市场及产品发展计划等。

2. 经营团队的背景与能力

无论如何审慎评估，采用何种评估方法，VC 投资本身都将是一种高风险的投资行为，投资风险依然很大。因此，很多有经验的风险投资评估机构，都把投资焦点放在创业者及经营团队上，凭借多年的评估经验，将风险企业的创业人是否具有企业家精神，以及风险企业是否具有一个团结向上的经营团队作为主要评估内容之一。

3. 市场规模大小与开发潜力

市场分析是产品、技术、财务评估的基础。任何的一个风险投资项目，都必须具有一定的市场空间基础，才能维持企业的生存与发展。

4. 产品与技术能力

VC 投资机构会详细了解该项目技术的技术来源、核心技术竞争能力、技术风险、产品功能特性、生产制造计划、周边产业配套程度、专利与知识产权、政府政策支持等方面的综合情况，因为产品及技术能力是评价风险项目能否盈利的主要依据之一。

5. 财务计划与投资收益率

VC 投资机构会评估企业过去的财务记录，以及目前的股东结构、未来财务计划的合理性、申请投资金额的合理性、回收年限与投资报酬的实现可能性等，以保证该项目具有理想的财务预期。

三、PE 投资

PE（Private Equity）投资，通常称为私募股权投资，是指创业投资后期的私募股权投资部分，即对已经形成一定规模的、并产生稳定现金流的成熟企业的权益性投资，投资形式多采用私募形式，在交易实施过程中附带考虑将来的退出机制，通常通过上市、并购或管理层回购等方式，出售持股获利。

PE 与 VC 虽然都是对上市前企业的投资，但是两者在投资阶段有很大的不同。VC 投资对象为处于创业期的中小型企业，而且多为高新技术企业；PE 着重于企业成长与扩张阶段，可以是高科技企业，也可以是传统行业。

由于 PE 投资于相对成熟的企业，因此有一套更加严格的投资标准来筛选企业。例如，下面是一家 PE 机构的投资标准。

（1）项目是国家产业政策鼓励与具有国际比较成长优势的行业，如装备业、消费服务业、互联网产业等领域

（2）细分行业前三位或具备挑战行业领袖的潜力企业，特别是垄断行业的民营企业新秀。

（3）企业发展战略目标清晰，专心专注，步骤明确，注重节奏，资本投向

具体并注重实效，不搞产业多元化。

（4）在公司创业第 3～5 年出现快速成长拐点，5 年以上未见快速成长的不宜投资。

（5）管理规范，企业历史沿革清晰，产权形成清楚，业务、人员、机构要独立，3 年内不存在重大违纪违规记录，避免企业在环保、税收、用工等方面的不规范行为。有国有资本进入并参与管理过度的要谨慎；企业文化落后、慢条斯理、按部就班、派系林立、互相牵制的改制企业要谨慎；过度依赖政府与政策支持、企业家成为政治家的企业要谨慎。

（6）大股东转让股权，套现倾向明显，存在资金饥渴，又不让深入尽责调查的，只要资金不要服务，只要出价高不要服务好的要谨慎。

（7）企业家有独特魅力，首先要有从事该行业的基因，其次有清晰战略，对行业了如指掌，再次要行动敏捷，知道该怎么做就马上做，还要为人厚道，关爱员工，有社会责任感；但好出风头，虚荣心强，生活化倾向太明显，地位不突出，经营管理完全委托专业团队管理，第二代接班人没有付出学费、懂得创业艰难守业更难的道理前要谨慎。

四、Pre－IPO 投资

Pre－IPO 投资是指投资于企业上市之前，或预期企业可近期上市时的权益投资，其退出方式为上市后从公开资本市场出售股票退出。

与投资于种子期、初创期的 VC 或 PE 投资不同，Pre－IPO 投资的投资时点在企业规模与盈收已达可上市水平时，甚至企业已经站在股市门口。Pre－IPO 投资具有风险小、回收快、回报高的特点。在高盛、摩根士丹利等大规模基金投资组合中，Pre－IPO 投资也是重要组成部分。

以下为一家公司的 Pre－IPO 的投资标准：

（1）巨大产业发展空间；

（2）细分行业龙头企业（前 3 名）；

（3）较强的核心竞争力；

（4）清晰的商业模式；

（5）优秀的管理团队；

（6）投资前一年或当年净利润不低于 2000 万元；

（7）过去三年净利润年均增长率不少于 30%；

（8）未来三年净利润年均增长率不少于30％；

（9）各项指标符合IPO发行制度和规则；

（10）法律和财务方面无实质性的上市障碍。

从中可以看出，Pre－IPO投资标准更加注重企业的成熟度和是否符合发行上市条件。Pre－IPO投资主要通过提升所投资企业的能力和资本市场形象来提升企业价值，通过成为公众公司，成功实现企业价值重估和定价，来取得高额投资回报。通常，声誉良好的基金会提升企业的资本市场形象，这对普通投资者起到了"先吃螃蟹"的示范作用，有助于提升公开市上投资者对企业的信心。

目前，我国在证券发行审核制度背景下，证监会审核企业时，除了对IPO企业信息披露、合规经营审核外，还对企业的持续性经营能力进行审核。市场也认为，通过证监会审核的企业基本上都是优秀的企业（财务造假的除外）。因此，Pre－IPO基金投资时往往将企业是否符合发行条件、能否快速上市放在首位，而对企业的价值重视程度不够，设定投资标准时也有较明显的"短视"行为。未来随着我国发行审核制向注册制转变，证监会将对企业持续经营能力和成长性的考察放归市场，届时只有盈利能力强、成长性好的价值企业能够获得高的估值，而这就需要Pre－IPO基金转变经营思路，由"快准狠"转变为"稳健精进"，在投资财务指标放宽松的同时，股权投资基金战略眼光前瞻和专业价值判断等方面的个性化标准将体现在基金的投资标准里。但是作为专业的股权投资基金，坚持优中选优，并能够控制流程这一投资标准是股权投资永远不过时和有用的法则。

第二节　项目投资

项目投资就是股权基金通过项目筛选、尽职调查、投资决策等过程，投资私人股权，成为项目公司股东。投资私人股权主要有以下几种方式：一是增资扩股方式，即项目公司增发新股，并将这部分新股出售给股权基金，项目公司与股权基金之间发生交易，结果项目公司注册资金增加，资产规模扩大；二是受让股权方式，即项目公司原有股东把股权转让给股权基金，项目公司原股东与股权基金之间发生交易，结果项目公司注册资金不发生变化，资产规模也不发生变化，只是股东发生了改变，即股权基金替换了原有股东；三是其他投资方式。除了上述两种投资模式外，还可以两者并用，或与可转债并用。如果采取可转债，只能改变项目公司的资产结构，股东结构暂时不会发生变化。

项目评价是项目投资中最为关键的业务，直接关系到投资成功与否。不同类型的股权基金，评价项目的要求与标准不同。但股权投资属于财务性投资，而且存在一定的存续期，所以，股权基金有一个共同的项目评价原则，即"以退量投"。所谓"以退量投"就是退出决定投资，即一个项目投资与否，取决于股权基金能否在预定的时间内、预定的投资收益率情况下成功退出。

由于不同类型的股权基金采取的退出渠道或退出方式会有所不同，因此，不同类型的基金评价项目的要求与标准也不一样，如并购基金主要以并购为主要退出方式，其评价项目的要求及标准与其他类型的股权基金有所不同。但所有退出方式中，上市退出如 IPO 退出收益率最高，所以，股权基金基本上是以能否通过上市退出来评价项目优劣。

整个项目投资流程大致分为项目收集、项目初审、尽职调查、投资决策、合同签订以及股权确认六个阶段。

一、项目收集

（一）项目收集渠道

股权基金要取得良好的投资回报，如何在众多项目中以较低的成本和较快的速度获得好的项目是关键。因此，基金管理团队在充分利用自有资源的同时也会积极从外部渠道获取项目信息，建立多元化的项目来源渠道。一般来说，投资项目的来源渠道主要包括自有渠道、中介渠道以及推介渠道等。

投资项目的主要来源渠道

渠道	描述	途径
自有渠道	主动进行渠道建设，通过公司自有人员的关系网络、参加各种风险投资论坛的会议和对公开信息的研究分析收集信息	个人网络、市场分析、战略合作伙伴、股东
中介渠道	借助或联合相关业务伙伴（如银行、券商等）、专业机构（如律师或会计师事务所等）以及其他创投公司获取交易信息	银行或投资银行、证券公司、律师或会计师事务所等其他专业机构（如咨询公司、广告公司等）

渠道	描述	途径
推介渠道	利用机会参加不同机构举办的各种项目推介会、项目路演会以及创业比赛	创业孵化器、产业园、科技园、大学、科研机构等

各种信息渠道来源提供的项目信息质量存在差异，通常通过个人网络、股东、业务伙伴获得的项目信息质量比较高。因此，基金管理团队在寻找项目过程中倾向于通过朋友、熟人获取项目。另外，通过有业务往来的中介机构推荐的项目，质量比较高一些重要的投资洽谈会也是收集高质量项目的重要渠道之一。

（二）项目收集形式

股权基金收集项目的主要形式就是企业的《商业计划书》（简称BP）。《商业计划书》是融资方（企业）为了实现融资或其他发展目标，根据一定的格式和内容要求而编辑整理的一个向股权投资者全面展示企业目前发展情况以及未来发展潜力的书面材料。即使融资方最初没有提供BP，如果股权基金有进一步洽谈兴趣会要求对方补充，因为后期项目投资业务离不开BP提供的全方位的原始信息。股权基金收到BP后要及时整理，建立自己的项目库。

《商业计划书》与传统《项目可行性报告》存在一定差异。一是用于融资方式不同。BP主要是用于股权融资，而《项目可行性报告》主要用于债权融资或政府立项。二是提供对象不同。BP主要是提供给权益性投资机构，如股权基金等，而《项目可行性报告》主要提供给债权投资机构或政府相关机构，如商业银行等。三是内容侧重点不同。BP侧重企业整本信息，包括企业股权结构、企业管理团队、企业所处行业、企业研发、企业产品及市场、企业商业模式、企业发展战略、企业财务状况、企业融资计划、投资退出计划等，而《项目可行性报告》侧重项目信息，项目技术性、项目环保性、项目生产性、项目财务指标（投资总额、内部收益率、投资回收期、平衡盈亏点以及价格敏感性等）、还款计划等。

二、项目筛选

（一）项目筛选目的及要求

所谓项目筛选就是对收集的项目进行初步评估，为项目立项提供依据。有的股权基金往往把项目收集与项目筛选合二为一，即在项目收集的同时对项目进行筛选。

项目筛选的要求是项目基本符合该基金的投资偏好（见表8－2）。由于受专业人才、基金规模以及运作模式等方面的限制，为了提高投资成功率，筛选项目时首先要考虑基金投资偏好。反过来，为了提高融资成功概率，融资方需要根据自身项目特点有针对性地选择股权基金。

项目筛选依据

基金偏好	相应的融资项目要求
投资强度	考虑单个投资项目的投资额度，规模较大的基金投资额度较大，反之，投资幅度较小
投资行业	考虑是否属于基金募集说明书中载明的投资领域（行业基金）、基金对该领域是否熟悉、基金是否有该行业的专业人才等
发展阶段	考虑项目发展阶段，如种子期（天使投资）、初创期（VC）、发展期（成长基金）、成熟期（并购基金）
运作模式	考虑融资方式，如债股结合（夹层基金）、众筹平台项目（众筹基金）
投资对象	考虑投资对象，如子基金融资（母基金）、物权（物权基金）、上市公司私人股权（PIPE）
投资区域	考虑投资地域，如是否位于基金附近城市、是否位于经济发达地区等

（二）项目筛选业务

项目筛选业务一般由投资业务员处理，其根据《商业计划书》信息对照基金投资偏好决定是否通过筛选，也就是一般投资业务员便可决定项目是否通过项目筛选。通过筛选后，便进入立项程序。没有通过筛选的项目都要进入基金项目库，以便以后进行查询。

三、项目立项

（一）立项目的及标准

通过筛选表明项目基本符合该基金投资偏好，但是否具备投资潜力还需要经过合规性及实质性评估。所谓合规性评估，即基金会制定一些投资条件（立项标准），满足这些要求的项目便可进入实质性评估。所以，立项就是对项目进行合规性评估。

立项标准制定的原则是考察项目的市场空间及排他性（项目门槛），确保项目在一定时间内有足够的发展空间及较少的竞争对手，从而满足资本市场的要求如上市，以便基金可以尽快的退出。立项标准主要从宏观环境、企业结构、运作模式、企业战略以及退出方式五方面进行考虑，但对不同基金以及不同项目考察的侧重点不同。

（二）立项业务

立项业务主要由项目组负责，一般投资经理具有立项权或由项目组集体表决。立项依据主要有企业提供的《商业计划书》以及约谈企业负责人进行面对面交流，并就一些关键问题作一次口头介绍或讲演。投资经理可通过这次面谈获取更多有关项目的信息，核实《商业计划书》中所描述的主要事项。

决定立项后就要起草《立项报告》作为立项依据。《立项报告》的内容主要以《商业计划书》为基础并结合基金立项标准。《立项报告》需要明确立项的理由以及未来尽职调查过程中的评估重点。

另外，立项通过表明股权基金对该项目可以正式配备专门的项目小组以及安排相应的费用预算。

四、尽职调查

（一）尽职调查的目的及必要性

尽职调查又称尽调或谨慎性调查，其内容包括企业的背景与历史、所属行业、企业的营销、制造方式、财务资料与财务制度、研究与发展计划等各种相关的问题。尽职调查的目的就是对通过立项的拟投项目进行实质性评估，也就是独立于项目公司提供的《商业计划书》，由基金方委派专业人士亲自入场按照基金的投资要求对项目潜在投资价值和投资风险作出实质性判断。

尽职调查的必要性，首先在于信息不对称，只有通过实际的、详尽的、专业的调查才有可能全面了解企业情况，佐证《商业计划书》的相关信息。其次，尽职调查也为合作双方奠定了合理估值及深入合作的基础。再者，尽职调查中对有关的单据、文件进行调查，这本身就是一个保存和整理证据的过程，相关情况能以书面证据的方式保存下来，以备查询或留作他用。因而，详尽准确的尽职调查是股权基金客观评价项目，做好投资决策的重要前提条件。

（二）尽职调查的方式

尽职调查的方式很多，主要有现场调查、搜寻调查、官方调取、通知调查、秘密调查和委托调查。

（1）现场调查。现场调查可以对调查对象有比较直观的了解，并可以得到据以调查的相关线索。因此，现场调查是尽职调查最常用的方法，它包括现场会谈和实地考察。现场会谈时，应当约见尽可能多的、不同层次的成员，包括市场销售部门、行政部门、财务部门、生产部门的主管。会谈主要了解企业经营战略和发展思路、企业文化、团队精神、企业的内部管理及控制等情况，通过会谈获取对企业高管的感性认识。实地考察应侧重调查企业的生产设备运转情况，生产组织情况，实际生产能力，产品结构情况，订单、应收账款和存货周转情况，固定资产维护情况，周围环境状况，用水、用电、排污情况，员工的工作态度及纪律等。

（2）搜寻调查。搜寻调查指主要通过各种媒介物搜寻有价值的资料，这些媒介物包括报纸、杂志、新闻媒体、论坛、峰会、书籍、行业研究报告、互联网资料、官方记录等。搜寻调查应注意信息渠道的权威性、可靠性和全面性。

（3）官方调取。官方调取指通过行业协会、政府职能管理部门获取或调取企业的相关资料，如通过工商管理机关、税务机关、金融管理机关、外汇管理部门、环保管理部门、卫生管理部门、质量监督管理部门、供电部门、供水部门、土地及城建管理部门、行业主管部门等调取资料。

（4）通知调查。即通知被调查人，要求其提供相关资料和申报信用记录，然后对该资料和记录进行抽样验证、分析。

（5）秘密调查。秘密调查指在被调查人不知道的情况下进行的调查方式。主要通过接触客户的关联企业、竞争对手、商业伙伴或个人获取有价值的信息。

（6）委托调查。可以委托社会中介机构进行部分或全部信息调查。对于比较重要或法律关系复杂的融资租赁交易，可以利用律师执业技能、专业知识以及法律赋予的调查取证的特权，进行律师尽职调查，形成全面、专业、规范的律师尽职调查报告，供信用评估时参考。对客户的财务调查可以委托注册会计师进行，对于租赁物也可以委托资产评估师进行资产评估，形成专业的评估报告。

（三）尽职调查的主要内容

尽职调查内容涵盖企业所有情况，包括企业商业秘密，所以，股权基金进行尽职调查前需要与项目公司签订《保密协议》，以保障项目公司利益。尽职调查的内容主要包括项目公司历史与现状调查：如改制与设立、历史沿革、发起人和股东的出资、重大股权变动、重大重组并购、主要股东情况、内部职工持股（如有）情况以及商业信用情况等；项目公司业务与技术调查：如行业及竞争、采购、生产、销售、核心技术人员、技长与研发等方面；项目公司同业竞争与关联交易调查：如同业竞争、关联方及关联交易等；项目公司人力资源调查：如员工基本情况、高管人员任职情况及任职资格、高管人员的经历及行为操守、高管人员胜任能力和勤勉尽责情况、高管人员薪酬及兼职情况、报告期内高管人员变动、高管人员是否具备上市公司高管人员的资格、高管人员持股及其他对外投资情况以及企业人力资源管理体系等；项目公司组织结构与内部控制调查：如公司章程及其规范运行情况，组织结构和股东大会、董事会、监事会运作情况，独立董事制度及其执行情况，内部控制环境、业务控制、信息系统控制、会计管理控制以及内部控制调查等。尽职调查主要从业务、财务以及法务三方面对拟投项目进行投资风险与潜在投资价值的调查，以上尽职调查内容大致分为投资业务、财务以及法务三部分，所以，尽职调查小组一般由三部分人员组成：投资专业人员、财务专业人员和法律专业人员，其中财务和法律人员有时可以聘请或委托第三方会计师事务所以及律师事务所专业人员担任。

（四）《尽调报告》

尽职调查结束之后，尽职调查小组需撰写书面尽调报告，一般包括《投资业务尽调报告》《财务尽调报告》以及《法务尽调报告》，或者一份综合的《尽调报告》，包括投资业务、财务以及法务三方面内容。《尽调报告》独立于项目公司提供的《商业计划书》，是基金尽职调查团队通过实际调查得出的投资判断，但涉及的内容与《商业计划书》相似并且对《商业计划书》涉及的内容进行佐证。

五、投资方案设计

尽职调查结束后除了对投资与否要进行判断以外，还要对投资价格以及投资策略等进行建议，即设计投资方案。所以，尽职调查后的主要工作就是以《尽调报告》为基础撰写用于基金内部的《投资建议书》或用于谈判的《投资框架协议》（条款清单，Term Sheet），其目的就是设计投资方案，主要包括拟投企业的潜在投资价值、投资风险、风险防范措施、投资价格、投资规模、投资策略、投后管理以及退出方案等，其中股权估价以及投资策略设计是核心内容。

（一）股权估价

理论上估价方法很多，但在股权投资实践运用中都存在一定局限性：一是所有估价方法自身在理论原理上都存在不足之处；二是不同基金会从不同角度对企业进行价值评估；三是由于针对股权基金特有的盈利模式，现有的估价方法都不适合。所以，目前股权投资在实践中没有统一的估价方法，但成本法、收益法、市场法在实践中运用比较普遍。

1. 成本法

成本法的原理就是将企业的各项账面资产按照重置成本进行调整并加总而得到企业的价值。但在股权投资中，与投资人决策相关的信息是各资产可以带来的未来收益以及股权基金通过退出能带来的收益，而不是其现行市场价值。价值评估的对象是企业整体的价值，而整体的价值来源于要素的结合方式，整体不是各部分的简单相加。成本法以单项资产的再建成本为出发点，可能忽视企业的获利能力，而且在评估中很难考虑那些未在财务报表上出现的项目，如企业的垄断收益以及资本市场收益等，所以，虽然操作性较好，但不能真实反映股权投资评价企业的价值观。

2. 收益法

收益法即现金流贴现法，是将企业所产生的未来现金流量进行折现而得到企业的价值，所使用的模型是现金流量模型。股权投资使用这一方法存在的不足之处在于：一是难以准确估计现金流量。未来现金流量要通过财务预测取得，如销售收入预测以及成本预测，由于主观性以及信息不对称，股权基金难以准确预测拟投企业未来 5～7 年的现金流，而且工作量非常大。二是收益法虽然在反映企业盈利能力方面比成本法更为科学，但同样存在不能反映股权投资盈利模式的问题。

3. 市场法

市场法即市场比较法，它主要是利用类似上市企业的一系列市价比率指标来估计目标企业的价值，得出的结论是相对于可比企业的一种相对价值，而非目标企业的内在价值。市场法的最大特点是易操作，最常用的有 PE 法（市盈率法）、PB 法（市净率法）以及 PS 法（市销率法）三种，其中 PE 法最为常见。

（1）PE 法即：

目标企业每股价格＝可比企业平均市盈率×目标企业每股净利

使用这一方法的基本要求是：首先，目标企业与可比企业必须在增长潜力、股利支付率和风险（股权资本成本）这三个因素方面类似。这三个因素中，最关键的是"增长潜力"。增长潜力类似不仅指具有相同的增长率，还包括增长模式的类似，例如，同为永续增长，还是同为由高增长转为永续低增长。其次，在选择可比企业平均市盈率时还需考虑股权基金投资后由于企业规模增加，增长潜力、股利支付以及风险都会发生变化，所以，要对可比企业平均市盈率进行矫正，也就是所谓的投资后市盈率。最后，使用这一模型，被评估企业必须连续盈利，否则市盈率将失去意义。

（2）PB法即：

目标企业每股价格＝可比企业平均市销率×目标企业每投净利

使用这一方法的基本要求是：首先，目标企业与可比企业必须在股东权益收益率、股利支付率、增长率和风险这四个方面类似。其中最关键的因素是"股东权益收益率"。同样，如果其他三个因素类似，股东权益收益率差距较大，也要对公式进行修正；其次，这一模型也有它的适用性，即适应于拥有大量资产（如汽车制造行业）、净资产为正的企业。固定资产很少的服务性企业和高科技企业，净资产与企业价值的关系不大，其市净率没有实际意义。

（3）PS法即：

目标企业每股价格＝可比企业平均市销率×目标企业每股销售收入

其中市销率指标等于每股市价除以每股的销售收入（一般以主营业务收入代替），它能够告诉投资者每股收入能够支撑多少股价，或者说单位销售收入反映的股价水平。这一方法适应于销售成本率较低的服务类企业，或者销售成本率趋同的传统行业的企业。

因为市价比率一般是根据上市公司的数据得到的，而股权基金投资的目标企业一般都是非上市企业，非上市企业的股票的流动性低于公开交易的股票，所以要将评估价值按照上市成本的比例减掉一部分。另外，非上市企业往往涉及控股权的评估。由于控股股东收益除了包括按股权比例分享的正常生产经营收益外，还包括仅控股股东才可能获取的控制权收益，因此当控股股东获取的控制权收益比重越大时，控股股东就越不会关心目标公司的生产经营管理。此时，就要对目标企业评估价格进行一定的折扣或溢价处理。

（二）投资策略设计

所谓投资策略设计，就是通过一系列投资手段或投资结构的设计，主要包括投资方式设计、金融工具设计、对赌条款设计、反摊薄条款设计、公司治理条款设计以及退出条款设计等，对投资需求进行风险及收益的合理配置，其宗旨就是最大限度降低股权基金投资风险，同时使投资收益最大化。

1. 投资方式设计

股权基金投资方式主要有股权转让与增资扩股两种：股权转让是指公司原股东依法将自己全部或部分股权让渡给他人，使他人成为公司股东而公司注册资本不发生变化的民事法律行为。股权转让制度是现代公司制度最为成功的制度之一。股权转让价格并不等于注册资金或实际出资，是由双方（转让方、受让方）参照注册资金、实际出资、公司资产、未来盈利能力、无形资产等因素协商确定，即重新估价，可以大于或小于注册资金、实际出资、公司净资产。由于股权投资的投资对象一般都是未上市的有限责任公司，因此，股权转让时一定要考虑其他原股东同等价格的有限购买权，即要取得其他原股东的同意。股权转让的意义主要在于改变股东结构。

增资扩股是指企业通过向社会募集股份、发行股票、新股东投资入股或原股东增资追加投资从而增加企业注册资本金的民事法律行为。以增资扩股方式投资有限责任公司就是股权基金认购公司增加的股份，扩大公司注册资金。对于新进的资金，公司可以用于投资新项目或用于公司其他开支。所以，增资扩股的意义在于：公司筹集资金扩大经营规模、调整股东结构和持股比例、提高公司信用等；

2. 金融工具设计

股权基金金融工具主要有优先股与可转换债。为了使投资风险降到最低，股权基金通常会要求其投资形成的股权享有优先权，以最大限度地保障其投资及退出收益，如优先分红权和优先清算权。优先分红权指在公司宣告分派股息时，优先股股东有权优先取得投资额一定比例的股息。在优先股股东取得优先股息后，剩余股息又有如下两种分配方式：在取得优先股息后，优先股股东不再参与剩余股息分配；在取得优先股息后，优先股股东与普通股股东按股权比例分配剩余股息。此外，在公司的年度盈利不足以分派约定的股息，或当年未宣告分派股息时，根据投资协议约定，优先股股东可以享有在日后对往年应付未付的股息如数补给的权利。优先分红权最大限度地保障了股权基金投资收益，大大降低了其投资风险。但是，需要指出的是，《公司法》规定股东应按照实缴的出资比例分取红利，但全体股东约定不按照出资比例分取红利的除外。因此，实践中法律仅允许股东对分红比例进行约定，而没有规定各股东间可约定分红的顺序。但是，上述法律限制是可以通过某种条款安排实现的。如双方约定，当公司的分红额达到股权基金投资额的 N％时，股权基金的分红比例是 N％，而其他股东的分红比例是 0％；当分红额超过 N％时，则股权基金与其他股东再按股权比例分红等。但当投资对象为中外合资企业时，实践中操作难度很大，因为《中外合资经营企业法》规定，"合营各方按注册资本比例分享利润和分担风险及亏损"，而没有《公司法》关于"股东另有约定的除外"规定。

优先清算权指在公司清算或结束业务时，优先股股东有权优先于普通股股东获得每股 N 倍于原始购买价格的回报以及宣布但尚未发放的股利。因为股权基金一般都是溢价投入，即投入多、持有股权少，所以清算时，如果按持股比例清算，对股权基金不合理。如某公司注册资本 100 万元，股权基金投入 200 万元，获得该公司 20％的股权。公司清算时剩余资产有 400 万元，那么如果投资人没有清算优先权，则只能分得 80 万元，但如果拥有该项权利，则投资人可优先收回投资回报 200 万元的 N 倍，再按照协议的有关规定参与剩余资产分配。在优先股股东取得优先清算回报后，剩余可分配财产又可以有如下三种分配方式：优先股股东取得优先清算回报后，剩余可分配财产再分配给普通股股东，优先股股东不参与分配；优先股股东取得优先清算回报后，剩余可分配财产由包括优先股股东在内的所有股东按照股权比例共同分配；优先股股东取得优先清算回报后，剩余可分配财产由包括优先股股东在内的所有股东按照股权比例共同分配，直至优先股股东获得总计为原始购买价 X 倍的价款，之后优先股股东无权再参与分配。在投资协议中约定股权基金享有优先清算权，能够保障股权基金最大限度地收回成本并分得收益。如果公司的可分配财产按全部股权比例分配的数额高于约定的优先清算回报，股权基金也可以选择将优先股转换成普通股，不行使优先清算权而直接与普通股股东按比例分配。

但我国《公司法》规定，清算程序中应当按照股东的出资比例进行分配，并没有赋予股东自行约定的自主权，属于强制性条款。故在投资协议中如果约定优先清算权难以得到公司法的支持与保护。在实践中，股权基金探索在《投资协议》或《股东协议》中明确以合同条款方式通过仲裁方式达到优先清算权的目的。但《中外合作经营企业法》规定，合作企业期满或提前终止时，清算后的剩余财产应当依照合作企业合同的约定确定财产归属。另外，《中外合资经营企业法》规定，中外合资企业清偿债务后的剩余财产，原则上按照合营各方的出资比例进行分配，合营企业协议、合同、章程另有约定的除外。因此，优先清算权适用于中外合作以及中外合资企业。

优先股享有优先权是以放弃管理权为代价的，虽然股权基金一般不参与项目公司日常经营管理，但希望对企业重大事项具有话语权，如进入董事会，即使以优先股身份进入了董事会其权力也会受到约束。所以，在股权投资实践中，股权基金一般会选择可转换优先股，即在一定条件下可以以相应的比例换成普通股，并享有对应的权利与义务。

可转换优先股条款指双方约定股权基金可以在一定时期内按一定比例或价格将优先股转换成一定数量的该公司普通股。假如公司盈利能力好，持有者可以转换成普通股，假如公司盈利能力不好，则优先股股东有权利在普通股股东之前，先把投入的钱收回来。

可转换优先股条款通常应包含如下内容：

（1）可转换优先股的转换价格、转换比例。

（2）优先股自动转换的条件。例如，约定当企业首次公开发行时，可转换优先股就自动转换为普通股，附带的限制性条款也随之消除；或是在被投资企业达到一定业绩要求后，也可以自动转换。

（3）附带的限制性条款。虽然优先股股东通常没有表决权，但股权基金通常以可转换优先股的形式要求表决权，以求尽量控制企业董事会。这一机制可以为增减创业企业家的报酬、分发红利、调整优先股可转换比例等补救措施提供有效的保证。例如，一基金以可转换优先股方式投资一公司 200 万元，双方在条款中约定该优先股一年后可获得股息，并按以下两种计算方法中金额较高的一种计算：第一，年利率为 8% 的非累积的股息；第二，以 1∶1 转换普通股后的分红额。

可转换债条款指双方约定股权基金在一定时间内有权依约定的条件将持有的债转换为普通股权或优先股权，即可以选择持有债务到期，要求公司还本付息；也可选择在约定的时间内转换成股权，享受股利分配或资本增值。可转换债具有"三性"，即债权性、权益性以及期权性。所谓债权性，即与其他债务一样，可转换债也有规定的利率和期限，投资者可以选择持有债务到期收取本息。所谓权益性即可转换债在转换成股权之前是纯粹的债务，但在转换成股权之后，投资人就由债权人变成了公司的股东，可参与企业的经营决策和红利分配，这也在一定程度上会影响公司的股本结构。所谓期权性即可转换性是可转换债的重要标志，债券持有人可以按约定的条件将债转换成股权。期权性即约定债权人可按照投资时约定的价格将债权转换成公司的股权，如果债权人不想转换，则可以继续保持债权，直到偿还期满时收取本金和利息；如果持有人看好公司增值潜力，到期后可以行使转换权，按照预定转换价格将债权转换成为股权。正因为具有可转换性，可转换债利率一般低于普通债务利率。可转换债一方面可以降低融资方的融资成本，另一方面可以降低投资人的投资风险。可转换债是投资人享有的、一般债权人所没有的选择权。

可转换债与可转换优先股有本质的区别。前者是债券，固定所得是债息，破产清算时优先于任何股东受偿。后者是股票，固定所得是股票红利，其价格随着公司权益价值的增加而增加，并随着红利派现而下跌，且破产清算时对企业财产的索偿权劣于债权人。

但可转换债在我国目前的司法体系中会遇到法律障碍。首先我国禁止企业之间的借贷行为。根据我国《贷款通则》以及相关法律法规和规范性文件的规定，借贷作为一种金融业务只能由正规的银行金融机构从事，而非银行金融机构的一般企业是不可以对外发放贷款并收取利息的。另外，我国目前的公司股权登记管理办法尚没有规定债权可以直接转变为股权，即债转股没有法律依据。但国有企业改制以及银行债权，可以作为一种特许实施债转股。

3. 对赌条款设计

对赌是指投资方与融资方在达成投资协议时，对于未来不确定的情况进行一种约定：如果约定的条件出现，投资方可以行使某种权利；如果约定的条件不出现，融资方则行使某种权利。通常目标企业未来的业绩与上市时间是对赌的主要内容，与此相对应的对赌条款主要是估值调整条款。企业估值主要依据企业现时的经营业绩以及对未来经营业绩的预测，因此这种估值存在一定的风险。为保证其投资物有所值，股权基金通常在投资协议中约定估值调整条款，即如果企业实际经营业绩低于预测的经营业绩，投资者会要求企业给予更多股份，以补偿股权基金由于企业的实际价值降低所受的损失相反，如果企业实际经营业绩高于预测的经营业绩，投资者会拿出相同股份奖励企业家。与估值调整条款类似的还有业绩补偿条款，指目标企业或原有股东与股权基金就未来一段时间内目标企业的经营业绩进行约定，如目标企业未实现约定的业绩，则需按一定标准与方式对股权基金进行补偿。这是单方面的约束，在实践中用得比较少。

4. 反摊薄条款设计

反摊薄条款是一种用来保证原始股权利益的约定，也即后来投资人的等额投资所拥有的权益不能超过这些原始股权基金。约定反摊薄条款的目的是确保股权基金的股权数量或股权比例不会因新股发行或新的投资人加入而减少，从而也保证原始股权基金投资人对被投资企业的控制力不被稀释。

反摊薄条款可以归为两大类：第一类是结构型反摊薄条款，即反对股权比例被摊薄的条款：当企业增资扩股时，应当无偿地或按照双方认可的价格给予股权基金相应的股份，保证其股权比例不变。第二类是价格型反摊薄条款，即反对股权价值被摊薄的条款。如在双方约定的时间、条件下出现了事先约定的事项，原始股权基金所持股权的比例必须减少时，必须通过相关的附加条件，防止股权价值被稀释，如棘轮条款和加权平均调整条款。所谓棘轮条款就是当被投资的企业在低价出售给后续投资者时，必须无偿给予原始股权基金股份，直到其每股平均价格下降至扩股后新股的价格水平。相较于棘轮条款，加权平均调整条款是较为温和的反摊薄方式，该条款规定调整后的转换价格应是初始转换价格和新增发行价格的加权平均值，它考虑在摊薄融资中发行新股的数量的基础上降低原有的可转换价格。

5. 公司治理条款设计

公司治理条款是股权投资中不可或缺的协议条款内容，反映出股权基金虽然通常作为公司小股东存在，但既可以通过各种投资工具和对赌协议保护资金的安全，也可以力图进入董事会从而影响公司的发展方向。公司治理条款设计主要有公司控制权条款设计和管理层肯定性和否定性条款设计。

公司控制权条款设计一方面是争取获得董事席位或者监事以及高管席位，另一方面，如果股权基金是以优先股身份进入董事会，尽可能争取董事会中更多的表决权利。

管理层的肯定性和否定性条款就是要求被投资企业的管理层进行某些承诺或约定，其中肯定性条款就是指被投资企业管理层在投资期内应该从事哪些行为的约定。例如，定期提交经营管理纪录；定期提交财务报表，包括资产负债表、损益表和现金流量表按月度、季度和年度呈报，年度报告应经注册会计师审核；提供年度预算，提交董事会和投资人批准；按公认的会计标准保持会计系统；确保按用途使用投资人的资金；保证必须在不同时期达到一定的盈利目标；维持一定的流动资金、净资产和流动比例；确保企业资产持续存在和保持良好的状态；承担债务偿付与税款支付责任；遵守法律法规与规章；随时报告运营过程中的重大事件，包括相关诉讼、违约及其他可能对创业企业造成不利影响的任何事件；而否定性条款是指被投资企业管理层不能在投资期内从事哪些行为的约定。如禁止变更公司的控制权；禁止管理人员向第三者转让股份；禁止改变公司主营业务；禁止从事与主营业务无关的投资活动；禁止未经许可的增资扩股行为；禁止未经许可的并购活动；禁止未经许可与其董事会成员、管理人员或职员以及有利害关系的个人进行任何商业交易；禁止未经许可擅自改变营业场所；禁止出售追加的普通股、可转换债券或优先股等。

6. 退出条款设计

股权基金可能通过多种渠道退出，例如回购与转让。当项目公司无法上市或并购退出时，为了保障顺利退出，在投资策略设计时就要考虑退出条款设计，如公司回购条款、原股东回购以及共同出售条款等。

公司回购条款就是约定一定条件下公司按照合理的价格回购股权基金持有的该公司股权，同时公司注册资金减少。《公司法》不存在"禁止回购自身股权"的规定，因此，股权基金与公司之间约定股权回购并不违法。但对股份有限公司"原则禁止，例外允许"。股权投资设置股权回购条款，其作用在于：首先，股权回购所设定的条件，如企业经营年复合增长率不低于25%、企业在未来三年内完成上市等，这些条款客观上督促或激励企业的现有股东采取各种措施实现其在投资者投资时所作出的承诺；其次，股权回购能够保障股权基金在被投资公司或管理团队等未实现经营承诺或其他设定条件的情况下，选择回购退出被投资企业。

原股东回购条款也是股权基金用于降低投资风险的一种投资策略，但不同于股权回购，因为原股东回购只是老股东与股权基金之间的有条件股权交易，不涉及公司注册资金变动，因而法律风险相对较低。在实践操作过程中一般都是创业企业控股股东实行回购，但回购成功率较小，因为创业企业控股股东一般缺乏资金实力，而且真正需要落实回购条款时，说明该企业的发展没有达到预期目标，原股东自身也会对公司未来缺乏信心。

共同出售条款就是约定在被投资企业上市之前，如果原有股东向第三方转让股份，股权基金有权按照原股东与第三方达成的股权转让价格和数量参与到这项交易中，共同转让股权而实现退出。

六、项目谈判

投资方案设计结束即《投资框架协议》撰写完毕后，下一步就是与拟投企业进行谈判，因为《投资框架协议》中许多内容将写进《投资协议书》中，形成双方的权利与义务。所以，项目谈判的工作重点就是落实投资方案，其核心是股权价格确认。因此，项目谈判过程是投融资双方就企业价值达到共识的过程。

（一）项目谈判主要内容

项目谈判的关键议题有投资定位、投资方式、企业估值、股权比例、经营管理权以及违约责任等。

（1）投资定位。首先，股权基金通常不介入项目公司日常经营，但为了帮助企业更好发展，会以一定的方式参与企业的主营业务、商务模式以及上市架构等重大事宜的商讨，并在投资协议中进行框架性的明确。其次，股权基金投资后不影响项目公司股份制改制时连续计算经营时间（业绩），即主营业务不发生重大变化、高管（董事、高级管理人员）不发生重大变化以及实际控制人不发生变更等。

（2）投资方式。常见的股权投资方式包括股权转让和增资扩股。股权转让实际上是实现了老股东的股权套现，企业并未获得发展所需要的资金，因此多数情况下，股权基金会选择增资扩股的方式，但老股东往往希望套现部分股权。

（3）交易结构。为了控制投资风险，股权基金会提出一些附带条件的投资条款，如对赌条款、优先股以及可转换债等。这些投资条款会对企业方增加一些压力和风险。

（4）价格评估。估值方法有很多种，但股权价格评估没有统一的方法，而且不同的企业适用的具体方式也不同。股权价格直接影响到双方的利益，双方期望值各不相同，所以，价格评估是项目谈判中最艰难的议题。

（5）股权比例。股权基金持股比例也是双方谈判的焦点之一。如果股权基金持股比例大，一是影响老股东利益，二是影响实际控制人对公司的控制权，包括未来上市后的控制权地位。但企业方希望尽可能融更多的钱而出让更少的股份，而股权基金希望持股达到一定比例后对企业重大事项具有话语权。

（6）经营管理权．掌握一定的控制权，尤其是对重大事项的否决权，对于保护股权基金的利益来说是至关重要的。通常，股权基金会要求获得董事会席位，并修改公司章程，将其认为的重大事项列入需要董事会特别决议的事项中去，以确保投资者对企业的发展方向具有有力的掌控。通常股权基金不会对企业的日常运营进行干涉，之所以要求对企业的重大事项具话语权，一方面是防止企业做出抽逃资金等违背投资协议的事情，更重要的是为了贯彻企业的长期发展战略，使企业能够始终在健康发展的轨道上运行。

（7）违约责任．违约责任是投资者和融资企业需要在协议中详细明确的事项，例如，未能如期上市、上市价格低于预期、业绩没有达标等与承诺不符的事项是否属于违约，企业和股权基金之间最好能够事先协商清楚，并对违约后的责任问题进行约定：盈利保证是股权基金给企业带上的一个"紧箍咒"，没有这个"紧箍咒"，企业发展战略如上市计划很可能无法实现，股权基金也无法得到相应的回报股权基金还可以与企业之间形成激励机制，当企业业绩达到一定程度，或上市后股权基金的回报超过一定比例，股权基金会给予企业家现金奖励等。

（二）项目谈判业务

项目谈判业务一般由股权基金的合伙人负责，整个谈判内容主要围绕《投资框架协议》的主要合同条款。《投资框架协议》仅供谈判之用，不构成投资人与项目公司之间具有法律约束力的协议，但"保密条款""排他性条款"和"管理费用"具有法律约束力。项目谈判结束后，项目组就要依据双方达成的内容撰写《投资协议书》拟签版，作为投资决策委员会决策的主要文件。

项目谈判有可能循环进行，即投资决策委员会表决时有可能修改《投资协议书》部分条款，需要与项目公司进行进一步谈判，循环往复，形成最终版《投资协议书》。

七、项目决策

谈判结束不代表基金决定投资，还需基金的决策机构进行决策后才能决定是否投资该项目。

（一）决策依据

项目决策的依据有《商业计划书》《立项报告》《尽调报告》《投资建议书》（或《投资框架协议》）以及拟签版《投资协议书》，其中《投资协议书》是最主要的决策依据。如果股权基金设有顾问委员会和风险投资委员会，这两个机构还应分别出具《投资顾问建议书》以及《风险控制建议书》作为决策依据。

（二）决策机构

股权投资基金的决策组织一般为投资决策委员会，属于基金的非常设决策机构，主要对基金的对外投资实施决策。因为是非常设机构，所以基金投资人主要通过《发起人协议》、合伙协议》或《公司章程》以及《委托管理协议》中相关条款赋予其决策权。

股权基金之所以采取投委会决策机制，主要是体现决策民主化与专业化相结合。所以，投委会主要由基金管理人（普通合伙人）或其委派义员组成，代表该基金最高的专业投资水平。从组成人员的专业知识结构来看，主要包括股权投资专家、行业技术专家、法务专家、财务专家以及企业管理专家等。

投委会在进行决策时，往往会参考基金内部其他机构的意见，如基金顾问委员会以及基金风险控制委员会出具的专业意见。

（三）表决机制

所谓表决机制就是投委会决策投资项目时的通过机制。通过机制有多种，如全票通过机制、多数通过机制、半数通过机制以及一票否决制等。

采用何种表决机制，不同基金类型不一样，如投资早期项目的创业投资基金以及天使投资基金，一般采用半数通过机制，因为可以提高决策效率；而投资后期项目的股权基金，一般采用全票通过或多数通过机制，主要是降低投资风险。另外，不同基金因其投委会成员组成不同而影响其表决机制，如投委会组成人员专业投资水平相当时一般会采取全票或多数通过机制，如果投委会成员专业水平相差较大，有可能采取一票否决制。

八、签订协议

投委会决策通过后表明基金内部对投资该项目形成了统一，但还不具备投资的法律效应。

（一）签订协议的意义

股权基金投资项目就是一种法律行为，需要投融资双方自愿、公平签订《投资协议书》，从而从法律层面保障双方的权利与义务。《投资办议书》一旦签订，双方必须严格履行各项条款，一旦违约需要承担相应的法律责任。

（二）《投资协议书》主要条款

《投资协议书》主要包括股权购买的比例及对价条款、购股款支付方式和期限条款、未分配利润归属条款、资金用途条款、新股东地位及股东权利条款、组织机构变动条款、退出条款、声明和保证条款、违约责任条款等。

第三节　投后管理

一、投后管理的定义及宗旨

所谓投后管理是指股权基金与被投企业正式签订投资协议，投资资金正式进入被投企业并获得相应股权后一直到股权基金全部退出被投企业为止的这段时间里，股权基金以各种方式对被投企业进行监管，同时为被投企业提供各种增值服务。投后管理是整个股权投资业务中时间跨度最长的环节，简单来说，持股时间就是投后管理时间，可以长达数年。随着股权投资的发展，投后管理的内容越来越丰富，投后管理模式也趋于专职化。

风险防范和增值服务是投后管理的两个主要宗旨，但在实践中前者更受股权基金重视。股权投资的对象主要是高新技术产业，股权基金不仅要承担技术开发和市场开拓的商业风险，还要承担代理风险与信息不对称风险。由于商业风险无法完全预测，股权基金只能随着被投企业经营过程中出现的状况来调节他们的后续管理水平。在委托代理模式下，被投企业与股权基金之间的信息不对称，不仅存在于签约投资前的项目评估阶段，也存在于后续投资阶段。签约前的事前信息不对称导致的主要问题是逆向选择，投资后信息不对称导致的主要问题是道德风险。因此，代理的风险越高，股权基金进行投后管理的程度就越大。股权基金通过投后管理识别代理风险，加强被投企业资金监管，增加与管理团队的沟通机会，从而防范风险。

股权基金作为财务性投资，其投资收益直接取决于被投企业价值增值幅度。但被投企业的优势在于实体经济领域，而通过实体经济获得的收益远不能满足股权基金的投资收益预期。由于股权基金的优势在于资本运营，所以股权基金可以充分利用自身资本市场优势帮助被投企业快速进入资本市场，从而获得更多投资收益。另外，股权基金除具有雄厚的资本外，还具有资源优势，可以在人力资源、市场开拓以及研发等方面为企业提供一系列增值服务。

二、投后管理的原则

投后管理应坚持风控为主、服务为辅，被动为主、主动为辅，共性为主、个性为辅的原则。所谓风控为主、服务为辅，即股权基金的首要任务是通过委派董、监、高（董事、监事、高管）等手段监控被投企业，然后通过资源对接、后续融资支持、具体辅导等手段为被投企业提供增值服务。所谓被动为主、主动为辅，即股权基金从事投后管理时，以投资协议相关规定以及企业发展需要为基础，不以影响企业的正常生产经营活动为标准，充分相信被投企业的自身发展能力。所谓共性为主、个性为辅，即股权基金的工作重心在项目投资，不可能针对每个被投企业实行个性化的风险控制措施以及提供个性化的增值服务，主要依据基金自身的特点对被投企业实行共性化的风险控制措施以及提供共性化的增值服务，以减少股权基金工作量，个别企业个别对待。

三、投后管理的困难

股权基金对投后管理重视程度不够，一方面是由于股权基金的工作重点是项目投资，另一方面是由于投后管理存在一定困难。投后管理存在的困难主要表现在以下几方面：一是投后管理对基金内部人才储备有更高的要求，如相关人员需要具备丰富的实践经验才能为企业提供增值服务；二是投后管理容易与被投企业产生对立关系，因为风险监控是投后管理过程中的主要工作，一般不受企业欢迎；三是投后管理增加基金的管理成本，因为投后管理需要增加股权基金的人力资源与办公费用开支，但带来的直接经济效果不明显；四是由于股权基金一般是小股东，对被投企业的控制权很弱，对被投企业在日常经营管理中出现的问题只能提出解决问题的建议，所以投后管理难以取得理想结果。

四、投后管理流程

投后管理从字面上容易识解为业务从基金投资后开始。但投后管理大部分工作属于风险监控，由于风险的连贯性，投后风险监控从尽职调查就已经开始启动。所以，投后管理业务流程从投资阶段的尽职调查开始一直到基金退出。

（1）参与尽职调查。尽职调查是股权基金全面了解项目方的唯一途径，这也是未来投后管理工作的基础。由于分工原因，投后管理团队只是参与尽职调查工作，不对尽职调查发表意见或建议。

（2）参与协议签订。所谓参与协议签订就是投后管理团队参与《投资协议书》的起草，从而深入了解投资协议赋予股权基金的权利以及项目方应承担的义务，以确保未来投后管理顺利进行。

（3）负责基金份额（股权）确认。投资协议签订后，投后管理团队应负责投资资金按照协议要求准时足额从托管银行划拨到对方指定的账户上，同时负责在工商管理部门确认股权基金应持有的股权。

（4）负责跟踪监管。股权确认后，按照协议规定对项目方进行风险监管，包括委派董监高以及对日常财务与经营进行监管与评估，包括估值动态监测。

（5）提供增值服务。依据投后管理原则，为项目提供共性及个性化的增值服务，包括价值挖掘。

（6）提出退出方案。根据项目方运营业绩情况以及股权自身投资情况（如基金存续期），及时提出退出方案。

（7）负责资金回笼。股权基金实施退出后，投后管理团队负责退出资金足额准时划拨到托管银行，确保资金安全。

五、如何参与日常管理？

管理层是企业战略的真正执行者，企业运营能否达到预期目标，很大程度上依赖于管理层的执行和管理能力，因此，越来越多的股权投资机构为了资本的保值增值，已不再仅仅满足于在董事会中一个席位，而是要真正介入到被投资企业的管理层，参与企业日常的管理经营活动。

一般情况下，股权投资方会在被投资企业的财务、人力及销售等关键职能部门派遣管理人员，以保证被投资企业的营运情况真实地被股权投资方所掌握。当然，股权投资方在什么情况下选择参与被投资企业管理层要根据被投资企业所处的成长阶段及风险投资自身的能力情况而定。

在被投资企业生命周期的初始阶段（种子期或创业期），由于此时信息不对称情况最为严重，因此股权投资方与被投资企业管理者之间的交流会非常频繁。尤其是当创业者没有经验时，更应该和风险投资机构进行主动的沟通，而股权投资方也会积极派遣专业管理人员对企业进行监管，此时股权投资方一般会选择参与被投资企业的管理层。

而如果投资于企业的发展阶段，此时企业管理层已基本建立，各项经营活动以步入正轨。股权投资方更应该注重对被投资企业在战略制定等方面的决策性参与和监督，而对于企业的日常管理仅进行定期的检查即可。因此，这时股权投资方主要以参与董事会为主，如果有精力和能力，也可适当的考虑参与被投资企业的管理层。但应注意的是，此时被投资企业管理层已经建立，股权投资方派遣的人员能否与原有管理层处理好相互之间的关系对项目的成功与否至关重要，如果双方产生摩擦，那会对整个投资项目非常不利。

六、投后管理的中美差异

知名私募基金 KKR 的联席创始人兼联席首席执行官 Henry Kravis 的一句名言所讲的那样：好的股权投资是"耐心的资本，完成一项交易只是所有工作的开始，要以实业家的心态去进行投资"。

在美国，敏锐的 PE 会时刻关注着哪些公司的管理层掌握着大量的资金却大肆挥霍、不为股东实现利益最大化，并随时准备收购其股权进入董事会，更换管理层。这就迫使大多数管理层为了自身利益而努力尽责。

（一）美国股权投资介入途径

首先，美国股权投资在董事会中的作用是巨大的。据学者统计，在美国如果企业经营出现危机，股权投资机构会平均增加 1.75 个董事会成员，以对被投资企业进行更多的监督。

其次，美国股权投资在参与管理层时注重人事的安排，特别看重对 CEO 的任免。研究表明，美国有股权投资支持的企业，在业绩不良的公司中有 74％的总经理被至少更换一次，在业绩尚可的公司中，也有 40％的总经理被至少更换一次。随着中小企业的发展，原始创业者在管理方面的经验就显得不够，无法把握迅速发展的企业，许多转为副总裁或部门经理，而由股权投资机构任命新的总经理。据统计，在被投资企业成立后的前 20 个月中，由最初创业者之外的人担任公司总裁的比例为 10％，到了第 40 个月，这个比例上升为 40％，到了第 80 个月，所有统计的被投资企业中有 80％的 CEO 已不是当初的创业者，而是由股权投资机构任命的专业管理人。

（二）中国股权投资介入途径

在股权投资参与中小企业公司治理的途径方面，王娟（2010）的研究表明，在调查的深圳中小板上市有股权投资背景的 72 家企业中，在被投资企业董事会中拥有席位的占到近 80％，说明我国多数股权投资机构还是积极参与被投资企业监管的，而对被投资企业不进行监管的股权投资多数为地方政府组建的机构,其投资可能带有"天使基金"的性质。但从董事会席位的数量来看,绝大多数股权投资机构都是仅在被投资企业董事会中占有一个席位,而且在投资后基本只是对派遣的董事人员进行变更,而席位数量一般没有变化,这不同于美国根据被投资企业经营状况进行董事席位变化,从这一点也可看出,我国股权投资对被投资企业的监管可能往往是"形式"上的而非"实质"的。

通过调查,深圳中小板上市的有股权投资背景的企业中,股权投资介入管理层的只有 27%。与美国相比,目前我国股权投资选择真正参与被投资企业日常经营管理的并不多。产生这个现象的原因是多方面的,一方面,股权投资机构多数选择对被投资企业进行战略型的管理,不愿过多参与日常经营,很大一部分原因是出于对成本的考虑。另一方面,必须正视的是目前我国部分股权投资机构的专业化能力不强,很多时候不参与被投资企业的管理不是"不想"而是"不能",股权投资缺乏相关的管理经验,或没有相关行业的供销网络,都使得股权投资机构没有能力参与到被投资企业的管理层,发挥风险投资的监管作用。

七、投后管理模式的选择

根据清科研究中心调研,目前活跃于中国境内的股权投资机构有 15.1%已设立专职投后管理团队,如达晨、九鼎、中信产业基金等;另有 54.3%的机构虽未设置专职投后管理团队,但在将来计划设立。专业的投后管理必成趋势。在操作过程中,根据项目特点,投资方可以根据实际情况选择不同的管理模式。

(一)"投资团队"负责制

目前由投资团队负责的增值服务模式是我国增值服务的主要操作方式。在这一模式中,投资项目负责人负责项目的开发、筛选、调查和投资,同时也负责投资完成后对被投企业的管理工作。这一类投后管理的模式主要适用于投资项目总量比较少的机构。

根据清科研究中心调研,活跃于中国境内的股权投资机构有近七成为投资团队负责的增值服务模式。这一策略的优势在于项目负责人从项目初期开始接触企业,对企业情况更为了解,能够为企业做出更有针对性的咨询和建议。劣势则在于,投资经理需要将精力分散到众多流程中,无法集中精力进行项目甄选。

（二）"投后团队"负责制

随着机构投资项目的增多，项目经理项目管理难度加大，近几年也有部分机构将投后管理这一职责独立出来，由专门人员负责，而投资团队更专注于项目开发。

专业化的投后管理团队的建立，是股权投资发展到一定阶段，拥有足够的投资个数，进行专业化分工的客观需要。规模化运作的股权投资基金中，在出资人关系管理、被投项目增值服务、项目退出路径选择与设计及相关中介机构协调等层面的事务越来越多，凭借项目经理的个人力量已经难以兼顾，建立专职的投后管理团队进行专业化操作成为现实的需要。

专职投后管理团队负责增值服务的优势在于投资项目负责人可以逐步淡出企业的后期培育工作，将更多的精力投入到潜力项目的挖掘开发中去。而劣势则在于项目在投后环节更换负责人，加大了被投企业与投资机构的磨合成本。

（三）"投资团队＋投后团队"负责制

专门组建服务团队虽然可以完善服务体系，严密监控风险企业的发展动态，加大力度提供更好的增值服务，但仍需要一段时间与被投企业进行磨合，存在一定的弊端。

近年来，在前两种模式的基础上，国内逐渐产生两个团队共同服务的模式。一方面投资团队付出一定精力调动资源，另一方面具体项目的投后服务和管理方面的工作，共同帮助企业壮大。采用"投资＋投后团队"的模式，为企业提供的增值服务具有系统性和针对性的特点，对于被投企业帮助最大。

第四节　基金退出

基金退出是整个股权基金投资业务链中的最后一个环节，同时也是决定投资项目收益状况的一个关键环节；项目投资和基金退出是股权投资业务中的一进一出，形成一个完整的投资链条。不同投资方式（渠道），对项目企业要求不一样，股权基金最终收益也会不同。所以，类似投资方案一样需要设计退出方案，确保基金所持股权安全退出并且收益最大化。

由于退出的交易场所、交易方式不同，对项目公司的要求不同，对股权基金收益也会产生很大影响。不同交易场所采取的股权估价方法不同，而且套现的难易程度也不同。所以，退出方案设计需要选择合适的退出方式、合适的退出时间以及制定退出保障措施等。

常见的五种退出方式包括：IPO 退出，即项目公司 IPO 后，股权基金在证券二级市场出售股权实现退出；并购退出，即项目公司产生并购行为时股权基金出让股权实现退出；转让退出，即股权基金与其他投资人通过协议方式转让股权实现退出；回购退出，即股权基金与项目公司或项目公司原股东签订协议，回购股权基金所持股权实现退出；清算退出，即该项目公司解散，股权基金获得公司清算财产实现退出。其中，IPO 退出与并购退出能使股权基金获得巨大收益，因而深受青睐。

一、IPO 退出

IPO（Initial Public Offerings）即首次公开募股，指一家企业第一次将它的股份向公众出售。一般来说，一旦首次公开上市完成后，这家公司就可以申请到证券交易所或报价系统挂牌交易。IPO 退出就是项目公司 IPO 上市后，股权基金在二级市场出售该公司股票实现退出。

IPO 的意义在于从非公众公司转变为公众公司。所谓公众公司就是股权可设计为金融工具即股票成为公共股权，并在证券场内市场（二级市场）进行买卖即上市，其股权价格由股票价格代替。此时股票价格除受企业价值影响外，还受股票市场交易行情影响，即投机因素很大程度上影响股票价格。所以，企业一旦 IPO，由于受市场交易活跃的影响，股权价格或股票价格一般会远远高于企业价值。这是企业愿意 IPO 的主要原因之一。也是股权基金愿意 IPO 退出的主要原因。

（一）IPO 制度

IPO 制度即发行制度，不同国家有不同发行制度，如注册制、审核制及行政审批制。

1. 美国注册制

资本市场发达国家一般实行注册制，如美国。所谓注册制就是监管部门仅对拟上市企业进行合规性审查，即仅审查是否符合相关规定。

美国 1933 年《证券法》规定，任何人不得销售任何证券，除非有关该证券的注册说明书已"有效"。任何企业在美国的 IPO 的法律责任文书。IPO 公开招股书主要包括以下部分：封皮、招股书简介、风险因素、资金用途、股价摊薄表、管理层关于财务状况及运营结果的讨论及分析、业务描述、管理层成员介绍及其收入、关联方交易、主要股东及管理层持股表、股票分销计划以及审计报告。第二部分是一些不需要包括在公开招股书中的信息。任何人都可通过美国证监会公共阅览室或美国证监会的 EDGAR 系统得到该信息。这一部分主要包括发行及分销费用详细列表、有关董事及高管法律责任的任何补偿安排、发行企业的任何近期未注册的证券销售以及一些美国证监会要求发行企业因公开招股所应作出的承诺。另外，第二部分还要求进行 IPO 的企业随注册说明书通过 EDGAR 系统向美国证监会提交若干附件文件，包括承销协议、公司章程、有关股票合法性的法律意见书、所有重大合约（包括企业运营的重大合约，例如重要的购销合约、授权合约、租约，以及任何董事、管理层成员和重要股东所签署的合约）。

除此之外，IPO 注册说明书还必须提供任何其他使得现有披露信息完整及不具误导性的信息，以及任何其他对于投资者购买股票而言意义重大的信息。

IPO 注册说明书（包括任何要求披露的附件）必须以电子文本的方式通过 EDGAR 系统提交给美国证监会，同时按拟发行证券的估计价值缴付注册费。截至 2009 年 10 月 30 日，IPO 的注册费是每 100 万美元的估计价值需要 55.80 美元。

美国证监会的审查只关注注册说明书及公开招股书是否完全遵守了信息披露要求，而不审查该项招股的实质，即不判断该项投资是否是一个好的投资，例如，进行 IPO 的企业是否面临任何实质性问题或重大风险。只要美国证监会认为注册说明书及公开招股书按要求披露了所有对于投资者投资该企业而言的重大信息，而无任何重大错误或遗漏，美国证监会就可以宣布该注册说明书有效；即使一个企业有种种重大问题，对投资者来说充满风险，只要其注册说明书及公开招股书完整准确地披露了这些问题及风险，美国证监会不会否决该企业的 IPO。

2. 我国审核制

我国 IPO 制度形成于计划经济向市场经济转变期间，所以带有很强的行政干预色彩。由最初的行政审批制改为目前的审核制，现在正朝着注册制方向改革。所谓审核制就是监管部门不仅要对拟上市企业进行合规性审查，还要进行实质性审查，即需要审查拟上市企业是否是一个具有投资价值的企业，如对同业竞争、关联交易以及持续盈利能力进行实质性判断。审核制的另外一个特点就是引入保荐人制度，即拟上市企业需要由保荐人推荐；保荐人的主要职责就是将符合条件的企业推荐上市，并对申请人适合上市与否、上市文件的准确完整性以及董事知悉自身责任义务等负有保证责任，尽管联交所建议发行人上市后至少一年内维持保荐人对他的服务，但保荐人的责任原则上随着股票上市而终止。

IPO 发行审核要求发行人具有独立性、规范运行良好、符合主体资格、财务会计符合规定、资产运行良好、募集资金投向明确等，而且主板与创业板稍有不同，前者侧重企业的盈利性，而后者侧重企业的发展性。

3. 独立性要求包括：

（1）资产独立：生产型企业应当具备与生产经营有关的生产系统、辅助生产系统和配套设施，合法拥有与生产经营有关的土地、厂房、机器设备以及商标、专利、非专利技术的所有权或者使用权，具有独立的原材料采购和产品销售系统；非生产型企业应当具备与经营有关的业务体系及相关资产.

（2）人员独立：发行人的总经理、副总经理、财务负责人和董事会秘书等高级管理人员不得在控股股东、实际控制人及其控制的其他企业中担任除董事、监事以外的其他职务，不得在控股股东、实际控制人及其控制的其他企业领薪；发行人的财务人员不得在控股股东、实际控制人及其控制的其他企业中兼职。

（3）财务独立：发行人应当建立独立的财务核算体系，能够独立作出财务决策，具有规范的财务会计制度和对分公司、子公司的财务管理制度；发行人不得与控股股东、实际控制人及其控制的其他企业共用银行账户.

（4）机构独立：发行人应当建立健全内部经营管理机构，独立行使经营管理职权，与控股股东、实际控制人及其控制的其他企业间不得有机构混同的情形.

（5）业务独立：发行人的业务应当独立于控股股东、实际控制人及其控制的其他企业，与控股股东、实际控制人及其控制的其他企业间不得有同业竞争或者显失公平的关联交易。

4. 规范运行要求包括：

（1）股份公司需建立股东大会、董事会、监视会、独立董事、董事会秘书制度，相关机构和人员能够依法履行职责。

（2）股份公司的内部控制制度健全且被有效执行，能够合理保证财务报告的可靠性、生产经营的合法性、营运的效率与效果。

（3）上市公司与控股股东在人员、财务、机构、业务、资产上完全分开。

（4）公司董事、高管需具备相应的任职资格，并了解与股票发行上市有关的法律法规，知悉上市公司及其董事、监事、高管的法定义务和责任.

（5）最近 3 年不得有重大违法行为。

（6）发行上市前不得有违规担保和资金占用。

5. 主体资格要求包括：

（1）发行人应当是依法设立且合法存续的股份公司。

（2）发行人为有限责任公司整体变更为股份公司的，持续时间可从有限责任公司成立之日起计算满 3 年。

（3）发行人最近 3 年内主营业务和董事、高级管理人员没有发生重大变化，实际控制人没有发生变更。

（4）发行人的注册资本已足额缴纳，发起人或者股东用作出资的资产的财产权转移手续已办理完毕，发行人的主要资产不存在重大权属纠纷。

（5）发行人的生产经营符合法律、行政法规和公司章程的规定，符合国家产业政策。

（6）发行人的股权清晰，控股股东和受控股股东、实际控制人支配的股东持有的发行人股份不存在重大权属纠纷。

6. 财务会计要求包括：

（1）发行人的资产质量良好，资产负债结构合理，盈利能力较强，现金流量正常。

（2）最近 3 个会计年度净利润均为正数且累计超过人民币 3 000 万元，净利润以扣除非经常性损益之后较低者为计算依据。

（3）最近 3 个会计年度经营活动产生的现金流量净额累计超过人民币 5 000 万元；或者最近 3 个会计年度营业收入累计超过人民币 3 亿元。

（4）发行前股本总额不少于人民币 3 000 万元。

（5）最近一期末无形资产（扣除土地使用权、水面养殖权和采矿权等后）占净资产的比例不高于 20%。

（6）最近一期末不存在未弥补亏损。

（7）发行人不得有影响持续经营能力的情形。

7. 募集资金投向要求包括：

（1）符合公司发展战略需要，应当有明确的使用方向，原则上应当用于主营业务。

（2）募集资金投资项目实施后，不会与控股股东及下属单位产生同业竞争。

（3）募集资金最好不要用于收购控股股东及下属单位的资产或股权。

（4）募集资金数额和投资项目应当与发行人现有的生产经营规模、财务状况、技术水平和管理能力相适应。

（5）募集资金投资项目应当符合国家产业政策、投资管理、环境保护、土地管理以及其他法律法规和规章的规定。

（6）募集资金大规模增加固定资产投资的，应充分说明固定资产变化与产能变动的关系，并充分披露新增固定资产折旧对发行人未来经营成果的影响。

8. 信息披露要求包括：

（1）书面披露：内容包括招股说明书等申报材料、回复反馈意见材料、中介机构申报材料等。

（2）口头披露：包括预审员与公司的沟通、发审会与公司的表现等。口头沟通主要靠公司，保荐机构起到协助作用。

9. 以上是主板的发行基本条件，创业板与其主要不同之处表现在财务指标上，要求如下：

（1）最近2年连续盈利，最近2年净利润累计不少于1 000万元，且持续增长；或者最近1年盈利，且净利润不少于500万元，最近1年营业收入不少于5 000万元，最近2年营业收入增长率均不低于30%。净利润以扣除非经常性损益前后孰低者为计算依据。

（2）最近一期末净资产不少于2 000万元，且不存在未弥补亏损。

（3）发行后股本总额不少于3 000万元。

（二）IPO流程

我国IPO流程大致分三个阶段：第一阶段为企业改制以及辅导阶段，即企业具备发行上市的基本条件；第二阶段为申报及审核阶段，即企业申报后证监会对提交的材料进行合规性审核以及实质性审核；第三阶段为发行及上市阶段，即获得核准后向交易所申请上市并挂牌交易。

（三）IPO模式

与一般企业相比，上市公司最大的优势是能在证券市场上大规模筹集资金，以此促进公司规模的快速增长。上市公司的上市资格成为一种"稀有资源"，因此，企业除直接 IPO 上市外，还有通过借壳、买壳以及红筹等模式实现国内外资本市场上市。所谓"壳"就是指上市公司的上市资格。由于有些上市公司机制转换不彻底，不善于经营管理，其业绩表现不尽如人意，丧失了在证券市场进一步筹集资金的能力，要充分利用上市公司的这个"壳"资源，就必须对其进行资产重组，买壳上市和借壳上市就是更充分地利用上市资源的两种资产重组形式。

1. 借壳上市模式。借壳上市是指上市公司的母公司（集团公司）通过将主要资产注入到上市的子公司中，来实现母公司的上市。借壳上市的典型案例之一是强生集团的"母"借"子"壳。强生集团由上海出租汽车公司改制而成，拥有较大的优质资产和投资项目。强生集团充分利用控股的上市子公司——浦东强生的"壳"资源，通过三次配股集资，先后将集团下属的第二和第五分公司注入到浦东强生之中，从而完成了集团借壳上市的目的。借壳上市一般都涉及大宗的关联交易，为了保护中小投资者的利益，这些关联交易的信息都需要根据有关的监管要求，充分、准确、及时地予以公开披露。

2. 买壳上市模式。所谓买壳上市就是一家优势企业通过收购债权、控股、直接出资、购买股票等收购手段以取得被收购方（上市公司）的所有权、经营权及上市地位。收购股权通常有两种方式：一是场外收购或称非流通股协议转让，如收购未上市流通的国有股或法人股。这种收购方式的成本较低，但是困难较大，要同时得到股权的原持有人和主管部门的同意。另一种方式是在二级市场上直接购买上市公司的股票。这种方式的收购成本太高，除非有一套详细的炒作计划，能从二级市场上取得足够的投资收益，来抵销收购成本。

3. 红筹上市模式。红筹模式是指境内公司将境内资产以换股等形式转移至在境外注册的公司，通过境外公司来持有境内资产或股权，然后以境外注册的公司名义上市。红筹模式中由于 VIE（可变利益实体）架构不同，延伸出不同类型，如协议控制模式、新浪模式、大红筹模式以及小红筹模式等。

二、并购退出

并购退出是指通过其他企业兼并或收购项目企业从而使股权基金退出。由于 IPO 难度较大，而且时间长，因此股权基金会选择采用并购方式退出。虽然并购的收益不及 IPO 上市，但毕竟溢价较大而且能较快退出，因此成为仅次于 IPO 的退出方式之一，特别是随着上市公司的并购业务越来越活跃，股权基金并购退出方式也越来越普遍。

并购退出基本上有两种模式：一是股权基金投资的项目企业被其他企业如上市企业并购，股权基金通过转让股权成功退出；二是股权基金先以并购方式获得项目公司的控制权，经过一段时间培育后，再通过被并购或其他方式如 IPO 等成功退出。后者一般是并购基金的退出模式。前者收购方一般是上市企业，因为上市公司可利用其融资优势通过控股或全部控制项目公司的方式投入，股权基金借机转让股权退出。

并购的实质是在企业控制权运动过程中，各权利主体依据企业产权作出的制度安排而进行的一种权利让渡行为。并购活动是在一定的财产权利制度和企业制度条件下进行的，在并购过程中，某一或某一部分权利主体通过出让所拥有的对企业的控制权而获得相应的收益，另一部分权利主体则通过付出一定代价而获取这部分控制权。企业并购的过程实质上是企业权利主体不断变换的过程。

（一）并购动因

产生并购行为最基本的动机就是寻求企业的发展。寻求扩张的企让面临着内部扩张和通过并购发展两种选择。内部扩张可能是一个缓慢而不确定的过程，通过并购发展则要迅速得多，尽管它会带来自身的不确定性。并购的最常见的动机就是协同效应（Synergy），包括经营协同效应（Operating Synergy）和财务协同效应（Financial Synergy）。在具体实务中，并购的动因归纳起来主要有以下几类：

1. 扩大生产经营规模，降低成本费用。通过并购，企业规模得到扩大，能够形成有效的规模效应。规模效应能够带来资源的充分利用和充分整合，降低管理、原料、生产等各个环节的成本，从而降低总成本。

2. 提高市场份额，提升行业战略地位。规模大的企业，伴随生力的提高、销售网络的完善，市场份额将会有比较大的提高，从而确立企业在行业中的领导地位。

3. 取得充足廉价的生产原材料和劳动力，增强企业的竞争力。通过并购实现企业的规模扩大，成为原材料的主要客户，能够大大增强企业的谈判能力，从而为企业获得廉价的生产资料提供可能。同时，高效的管理、人力资源的充分利用和企业的知名度都有助于企业降低劳动力成本，从而提高企业的整体竞争力。

4. 实施品牌经营战略，提高企业的知名度，以获取超额利润。品牌是价值的动力，同样的产品，甚至是同样的质量，名牌产品的价值远远高于普通产品。并购能够有效提高品牌知名度，提高企业产品的附加值获得更多的利润。

5. 实现公司发展战略。为实现公司发展战略，可通过并购取得先进的生产技术、管理经验、经营网络、专业人才等各类资源。并购活动收购的不仅是企业的资产，还包括被收购企业的人力资源、管理资源、技术资源、销售资源等。这些都有助于企业整体竞争力的根本提高，对公司发展战略的实现有很大帮助。

6. 通过收购跨入新的行业，实施多元化战略，分散投资风险。这种情况出现在混合并购模式中，随着行业竞争的加剧，企业通过对其他行业的投资，不仅能有效扩充企业的经营范围，获取更广泛的市场和利润而且能够分散因本行业竞争带来的风险。

（二）并购类型

根据并购的不同功能或根据并购涉及的产业组织特征，可以将并购分为三种基本类型。

1. 横向并购：横向并购的基本特征是企业在国际范围内的横向一体化。近年来，基于全球性的行业重组浪潮，结合我国各行业实际发展需要，加上我国国家政策及法律对横向重组的一定支持，行业横向并购的发展十分迅速。

2. 纵向并购。纵向并购是发生在同一产业的上下游之间的并购。纵向并购的企业之间不是直接的竞争关系，而是供应商和需求商之间的关系。因此，纵向并购的基本特征是企业在市场整体范围内的纵向一体化。

3. 混合并购。混合并购是发生在不同行业企业之间的并购。从理论上看，混合并购的基本目的在于分散风险，寻求范围经济。在面临激烈竞争的情况下，我国各行各业的企业都不同程度地寻求多元化，混合并购就是多元化的一个重要方法，为企业进入其他行业提供了有力、便捷、低风险的途径。

（三）并购流程

一般来说，企业并购需经过前期准备、方案设计、谈判签约和接管整合四个阶段。

1. 前期准备阶段。根据企业发展战略的要求制定并购策略，初步了解目标企业的情况，如所属行业、资产规模、生产能力、技术水平、市场占有率等。

2. 方案设计阶段。根据评价结果、限定条件（最高支付成本、支付方式等）及目标企业意图，对各种资料进行深入分析、统筹考虑，设计出数种并购方案，包括并购范围（资产、债务、契约、客户等）、并购程序、支付成本、支付方式、融资方式、税务安排、会计处理等。

3. 谈判签约阶段。通过分析、甄选、修改并购方案，最后确定具体可行的并购方案。并购方案确定后，以此为核心内容制成收购建议书或意向书，作为与对方谈判的基础。若并购方案设计将买卖双方利益拉得很近，则双方可能进入谈判签约阶段；反之，若并购方案设计远离对方要求，则会被拒绝，并购活动又重新回到起点。

4. 接管与整合阶段。双方签约后，进行接管并在业务、人员、技术等方面对目标企业进行整合。并购后的整合是并购程序的最后环节，也是决定并购是否成功的重要环节。

三、转让退出

股权转让是公司股东依法将自己的股份让渡给他人，使他人成为公司股东的民事法律行为。转让退出也称协议退出，是指股权基金将自己持有的项目公司的股权转让给其他投资者，自己失去股东身份，从项目公司退出。

股权基金以股权转让方式退出时，一般项目公司还未改制，仍然是有限责任公司。除此之外，股权基金也可以在项目公司改制后在非证券场内市场挂牌交易时进行股权转让退出，如通过美国 OTC 市场、我国中小企业股份转让系统（新三板市场）以及地方股权交易中心退出。两者的共同特点就是以私人股权方式退出。所以，一般通过股权转让方式退出的收益不如 IPO 以及并购方式退出的收益大。

股权基金选择股权转让退出，主要原因是项目公司未来短期内难以实现 IPO 或并购退出，但项目公司发展处于上升期，且具有一定盈利规模，还具备一定投资价值。因此，股权转让退出是股权基金可以保障一定收益情况下的成功退出。

四、回购退出

股权回购有两种情况：一是公司回购股东拥有的本公司股权，即减少注册资本;二是公司其他股东如创业股东、大股东以及控股股东回购其他股东所持该公司股权,公司注册资本不变,属于公司内部股权转让。

回购退出就是通过项目公司或创业股东、大股东以及控股股东回购股权基金所持该公司股权而实现退出。回购的最大特点是股权基金为了降低风险,确保退出,在投资当初就以协议方式约定创业股东回购条件,如回购价格、回购时间等。

回购退出应注意以下两个问题:

(1)法律问题。《公司法》允许有限责任公司回购股东股权,但受到一定限制。当发生下列三种情形之一,并且股东会在该股东投反对票的情况下依然作出了有效的决议,该投反对票的股东才可以请求公司按照合理的价格收购其股权。这三种情形分别是:①公司连续 5 年不向股东分配利润,而该公司 5 年连续盈利,并且符合公司法规定的分配利润的条件;②公司合并、分立、转让主要财产;③公司章程规定的营业期限届满或章程规定的其他解散事由出现,股东会会议通过修改章程使公司存续。因公司回购股权需满足一定条件,因此回购退出不会选择公司回购,而是选择大股东等原股东回购等。如选择大股东等原股东回购,应注意避免因涉嫌企业间借贷和联营保底导致该约定无效。

(2)可行性问题。在实践中回购条款一般属于条件性条款,股权基金投资时,创业股东等原股东作出让步,同意与股权基金签订回购条款主要出于公司融资目的,而且预期该条款不会真正实施。当条款生效时,表明该公司没有实现预期发展目标,不仅股权基金失去信心,而且创业股东等原股东也会失去信心,加上创业股东一般属于创业者,经济实力有限,在实践中最后兑现的成功案例不多。如果回购股东是国有企业,会涉及国有资产转让问题,需要专门的申报程序,可能导致该条款失效。所以,回购条款签订时应注意其可行性。但也有例外,如专门做早期投资的股权基金,包括创业投资基金、天使基金或政策性基金,有时为了快速回笼资金,把回购作为一种主动退出方式,持股一段时间后创业股东回购,让创业者享受企业未来发展的更大收益,激励创业者积极性。

五、清算退出

清算退出就是以项目公同清算获得公司剩余财产而退出。清算退出是针对投资失败项目的一种退出方式。在这种退出摸式下,投资收益最低,甚至有可能"血本无归"，也就是说，通过清算退出是股权投资最不成功的一种退出方式。尽管采用清算退出损失是不可避免的，但是毕竟还能收回一部分投资，因此，清算退出虽然是迫不得已，但却是避免深陷泥潭的最佳选择。

清算退出主要有两种方式：一是破产清算，即公司因不能清偿到期债务，被依法宣告破产的，由法院依照有关法律规定组织清算组对公司进行清算。二是解散清算，即启动清算程序来解散项目公司。这种方式不但清算成本高，而且需要的时间也比较长。

（1）解散清算。解散清算是指公司按照法律法规规定的程序、方式等自行组织而无需外力介入的清算。当公司发展陷入僵局，继续存续有可能使投资人损失进一步扩大时，股权基金可以考虑通过自行解散的方式实现退出止损。在这种方式下，只要公司符合解散清算的法定条件，如已到章程规定的清算期、公司全体股东同意等，并严格遵从法定的程序和方式进行清算，外力没有理由进行干涉。公司清算属于公司自治的范畴，如果因某些原因而导致无法自行清算的，投资者也可通过法院强制清算。

（2）破产清算。破产清算是指公司依法被宣布完全解体，资产全部变卖进行偿债，是一种以企业淘汰方式进行的资产重组。与解散清算相比，破产清算的原因是公司不能履行到期债务而被宣告破产，属于司法强制解散，适用的是诉讼程序。破产清算时，公司的自主权极小，一旦被宣告破产清算，说明被投资企业已陷入资不抵债的境地，财务状况极其恶劣，可能意味着投资者的本金都很难收回，因此任何一个投资者应尽量避免破产清算的发生。即使被申请破产清算，也应通过积极的协商与沟通，争取通过破产重组等方式延续被投资主体的市场主体资格，从而求得重生的机会，以保护和拯救自己的投资。

第五节　风险管理

一、步步惊心的风险点

股权投资是高风险高回报的投资，从接触项目的第一个环节开始风险就已经存在，直到最后完成退出为止。充分了解每一环节的具体风险是进行风险管理的前提，管理好风险是投资者实现投资目标的基本条件。

（一）投资前期风险

1. 项目初选环节风险

项目初选包括项目拓展与评估，在这个环节投资经理会通过发布投资指南、联系中介机构或直接拜访企业等多种途径拓展和收集项目，经过筛选后进行初步评估，大约会有 20％的项目能进入尽职调查阶段。这个环节没有明显的投资风险，但因为这个环节是所有后续环节的基础，因此存在一些对后续环节有负面影响的因素，笔者将这些因素归类为第一环节风险。主要风险因素有：首先是渠道风险。项目来源渠道过于狭窄，影响所拓展项目的数量的质量，没有足够的优质项目储备，导致资金在一定时间内不能按时使用，最终影响总体资金的使用效率和投资业绩。其次是信息损失风险。项目来源渠道主要是中介机构，信息在传递过程中有损耗，导致信息失真，加剧信息不对称。第三是误解风险。由于投资经理对项目机会与威胁的理解存在较大差异，不同的投资经理对于同一个项目有可能做出大相径庭的判断，在这个环节有不少有价值的项目惨遭淘汰。

2. 尽职调查环节风险

项目尽职调查是项目估值、投资方案设计的前提，也是投资机构在投资前期尽量降低信息不对称风险的重要工作。股权投资者几乎是抱着怀疑一切的态度开展调查工作的，这个环节存在的主要风险是信息不对称带来的道德风险。拟融资的企业为了融资成功或者为了融到更多的资金，会对自己旳企业进行包装。为隐瞒企业的缺点，甚至于提供假报表，严重干扰尽职调查的客观真实性和信息的完整性。如果投资机构基于这样一份报告展开后续工作，无异于为将来的投资过程埋下地雷，将严重影响投资机构对融资企业股权的估值和未来资本增值预期，更为严重的是让投资机构做出错误的投资方案，甚至于进行错误的投资决策，最终导致投资损失。

3. 项目谈判和投资方案设计环节的风险

该环节的主要工作是对融资企业的股权价值进行评估，确定投资工具，讨论确定投资金额和入股比例，确定投资者的权利，以及未来在董事会所占有的席位和相应的权利，对公司的监控权力，确定投资收益的分配，投资双方的权利和义务等，面临的风险主要是法律风险和谈判风险。法律风险是指，如果投资者对中期管理和后期退出的不确定性估计不足，相关内容未在条约中进行限定，或者约定不清，最终导致法律纠纷。谈判风险是指各项合同条款能否取得双方的一致认可。如果投融资双方在投资理念上差异非常大，导致进一步合作难以进行，投资计划只能夭折。

4. 项目决策环节风险

项目决策环节将决定是否投入资金，由于投资具有不可逆性，如果该环节不够严谨，前述三个环节积累的风险都将会变成现实。这个环节的主要风险是决策风险。为防范决策风险，许多投资机构专门设立投资决策委员会和风险控制委员会。然而，现实中存在不少这样的情况，在部分国有投资机构中，两个委员会的委员由一定级别的领导担任，而不是任用精通业务的专家；在民营投资机构中往往是老板一个人说了算，两个委员会形同虚设。另一个问题是决策效率低下，有的投资需要超过两个以上的投资机构进行决策，如果每一家机构决策效率都比较低，相互交叉导致效率更低，导致项目决策长期久议不决，存在决策失误的可能性增大。

（二）投资中期的风险

投资资金到位后，进入项目中期管理阶段，这个环节最重要的工作在于动态跟踪监控和提供增值服务。由于投资机构受到自身在人力资源和无管理效率要求的限制，投资机构一般都不希望直接派员进入目标企业直接参与日常经营管理，一般都会采取财务管理的方式达到日常跟踪监控的目的。也就是说，采用对企业财务数据进行定期的跟踪与分析，以了解企业运行处于何种状态，力争实现投资机构管理中期风险的目的。投资机构一般通过在董事会或监事会占有一定的席位，或者要求派驻财务总监，定期或不定期的了解企业的发展情况和相关的财务信息，并及时对相关信息进行分析评估。投资机构提供增值服务涉及多个方面，大到帮助企业制定战略规划、完善治理结构，制定及完善激励制度；帮助企业进行必在的筹资和融资，提供资本运作方案等。

实际上，中期阶段的首要风险在于所有权与管理权相分离而产生的委托代理风险和信息不对称风险。委托代理风险具体表现为投资者与经营者目标不一致，使投资者与管理者存在利益冲突，管理者更为关注个人的价值取向而导致投资者利益受到损害。或者管理者不努力经营，或者能力不符合企业发展的要求，使投资者的资本不能保值和增值。信息不对称风险则是目标企业的经理人不能将日常经营的各种信息完整和及时的通知投资机构，因而也使投资机构不能完整、及时地了解企业现况，造成风险临近和扩大。最为严重的是管理者存在道德风险和诚信问题．轻者粉饰报表，重者窃取未被监控的收入，甚者转移资产，很有可能使投资机构遭受重大的投资损失。

投资中期的另一个主要风险就是企业经营风险。由于目标企业或项目在技术、产品、市场上的不确定性爆发后影响了预期经营业绩；或者由于外部环境和政策干预出现意想不到的突变，使企业陷入难以预料的低谷；或者由于目标企业或项目内部经营与管理期间各种问题积累到一定程度后引发重重经营困难，这些都会影响投资者的最终收益。

投资中期的第三种典型风险是项目跟踪风险。该类风险是由于投资机构缺乏相关人才或者精力，难以覆盖所有的投资项目所造成的。中国的投资机构有相当一部分人员来自于投资银行，这些人比较熟悉资本运作，但缺乏实业管理经验，因此难以满足为所投资企业提供增值服务的需要。投资机构的人员大多忙于投资前期和后期的工作，很多机构没有足够的精力进行细致的中期管理，如果企业不予以配合的话很有可能出现投资失控的情况。

（三）投资后期的风险

最后一个阶段是退出。一般情况下退出有四种方式，上市退出是溢价最高的一种，也是投资机构最为向往的一种。第二种是在并购市场上退出，这种方式是成功退出最为普遍的方式。第三种是管理层回购（MBO）或者员工收购（EBO），为确保最终实现退出，许多投资协议中都明确列出管理层回购的相关条款。最后一种是清算，以清算形式退出意味着投资失败，清算往往只能收回原始投入成本的一个部分。

由于中国证券市场的发展还不成熟，使股权投资的上市退出存在很大难度，在全流通之前可以说此路不通，因为法人股是不能流通的。很多投资机构选择在境外上市，但是在境外上市又会面临外汇管制方面的问题，境外上市只是迂回曲折的羊肠小道。专业的投资机构职能在打通通向境外上市的通道之后，才能有所作为，但这也会面临政策风险。2005年外管局75号文对红筹上市进行了约束，对投资机构而言是一个重大的利空政策。同时上市退出还面临时机风险，如果证券市场处于熊市，IPO很困难，及时上市市盈率也会非常低。摩根士丹利在操作南孚电池时，选择将股权卖给吉利，这也是其中原因之一。在国内通过并购退出难度也比较大，溢价幅度相对也较低。证券市场的波动对上市退出时机的选择造成非常大的影响，证券市场上热点板块的轮换也会影响不同行业或不同地域投资项目的上市成功率。时机问题是很多投资者非常重视但也同时是最难以掌控和把握的风险因素。投资机构 一般都有投资期限的约束，如果不能退出对投资机构来讲是非常大的风险，因此专业的投资机构只有在充分论证退出方案的前提下才进行投资。

二、分散疏散各类风险

由于股权投资的风险隐藏在投资流程的各个环节之中，针对各类风险的控制策略也应当基于投资流程进行实施，并建立有针对性的、系统化的风险控制策略。

（一）投资前期的风险控制策略

（1）实现能力与项目的匹配，减少因资源浪费带来的损失。无论是机构投资者还是个人投资者，都有自己对投资项目的选择要求，符合选择要求的项目才能进入立项程序。投资者选择项目的要求和投资哲学是在深刻理解投资机构的风险承受能力和项目操作能力的前提下，根据市场状况和投资环境确定的标准，用这个标准来选择项目，实际上已经淘汰了大量对于投资机构而言风险与收益不相匹配的项目，能有效减少因资源浪费带来的损失。

（2）引入中介机构推荐，扩大优质项目来源渠道。股权投资公司在选择目标企业的过程中可能无法获得对方更多的准确信息，其可以通过一些中介机构和关联机构的推介来筛选打算投资的风险企业。中介机构在项目来源与项目信息搜寻方面有一定优势。通过中介公司的推荐，能在一定程度上可以降低投资公司信息损失风险与渠道风险。

（3）聘请专业机构参与尽职调查，降低道德风险。投资者自身往往缺乏专业的调查与评估能力，因此，实践中的尽职调查除了投资机构的投资人员之外，还要外聘专业的法律和会计中介机构参与调查；尽职调查的过程就是对目标项目所有潜在风险进行盘查的过程。如果存在隐瞒重要信息的行为，被这些专业机构识别的可能性较大。因此，联合专业机构参与尽职调查，能有效降低道德风险。

（4）细化、健全项目条款，减少纠纷。项目条款不明确或者不健全，容易引发纠纷。为保证投资方的权利，条款内容应包括以下几个方面：第一，投资项目估值时扣除风险折现值。投资机构对投资项目进行估值时，会根据风险的大小进行折现，风险越大的扣除就越多。这样如果今后风险因素给投资项目造成损失时，这部分损失也提前从投资项目的估值中扣除，也就是说这些损失是在投资机构完全可能接受的范围之内。第二，采取分段投资策略。分段投资是指股权投资公司只提供确保企业发展到下一阶段的资金、严格进行预算管理，反复评估企业的经营状况和潜力，保留放弃追加投资的权利，可以有效地控制风险，制约企业可能的资金浪费。第三，选择复活式证券工具，确定灵活的转换比价。股权投资者一般采用可转换成普通股或可认购普通股的优先股或债券，这里产生了多种投资证券工具，混合使用可以满足投资者和企业的不同需求，双方磋商的余地较大。第四，条款中载明投资退出的保证措施。如果投资项目通过IPO途径退出不成功，还可能保证投资机构以其他方式退出：一是强制原有股东卖出股份的权利。如果被投资企业在一个约定的期限内没有上市，投资机构有权要求原有股东和自己一起向第三方 转让股份，二是股票被回购的权利，被投资企业以一个约定的价格买回投资机构所持有的全部或部分的被投资企业的股票。

（5）建立专业的决策机构，降低决策风险。可以在投资公司内部建立一个由多领域专家组成的技术评审委员会或决策委员会，或者建立企业智囊顾问团，依靠专家团队的智慧，深入分析投资项目，多角度分析论证，预估风险，采取措施降低投资失败的可能。

（二）投资中期旳风险控制策略

（1）设立完善的激励与约束条款：委托代理风险在股权投资行业存在高发性，实际中的防范策略是通过设计一系列的条款进行化解。一般会采取三种措施：第一，"盈利目标法"，即设定某一盈利目标值，当企业达到时会有重奖，如不能达到则以重罚。第二，创始人股东、管理层和主要员工对投资机构的承诺，即签订一定期限的雇佣合同，保密协议，非竞争协议。上市前创始人股东必须保留大部分股票，上市后创始人股东、管理层和主要员工卖出股票有一定的限制。第三，设定肯定与否定条款。肯定条款指被投资企业管理层在投资期内应该从事哪些行为的约定；否定条款是指被投资企业管理层不能在投资期内从事哪些行为的约定。

（2）建立风险体系与预警机制，控制经营风险。投资中期的风险管理，重点在于控制目标企业的经营风险，对此投资机构需要建立系统的风险体系与预警机制。首先，要建立一套由各个不同层次和子系统的目标企业财务预警指标体系及相应风险阀值，根据企业所处的行业、地区等具体情况。进行动态分析确定风险程度的划分范围。其次，根据目标企业会计环境和实际情况，运用定量与定性相结合的方法对企业运行进行定期和不定期的相关信息采集，并进行风险分析；最后风险预警部门根据风险分析情况得出相应的风险预警报告。风险预警报告提交到业务部门和决策部门之后，根据风险预警的程度安排相应的风险措施，或者启动投资前已设定的各类风险防范条款和措施。

（3）强化信息披露，提升对目标企业的监控。现实中，大部分股权投资公司可能同时投资于多个项目，由于公司在资源、设备以及人手方面的限制，不可能对每一个项目进行实时监控，因此要求目标企业定期提交企业经营报告是一项十分必要的措施。对此，投资公司应在签署项目合同时要明确提出建立项目信息的披露制度，并允许投资方对信息的真实性、完整性、及时性等进行核查。

（三）投资后期的风险控制策略

始于 2012 年下半年的 IPO 停发与目前的突击检查，致使很多股权投资机构的 IPO 退出通道又被"堵死"。在当前整体市场环境不景气的情况下，股权投资者面临着较大的时机风险与政策风险。要规避这两类风险，或者减轻这两类风险带来的不利影响，建议募股权投资机构采取以下策略。

（1）分析形势，制定合理的退出方案。上市无疑是私募股权投资机构首选的退出方式，但企业能否上市是由多种因素决定的：一是企业本身的管理基础是不是真正具备上市的基本条件。企业经营环境的不确定性以及内部的管理因素致使企业可能达不到上市的基本条件而导致不能上市；二是即使企业经营能达到预期的目标，但证券市场本身具有的不确定性因素导致企业即使上市也不能实现 PE 机构的收益目标；三是政策环境是不是支持企业上市。在目前中国的资本市场建设中，第三个因素可以说是决定性因素，即政府政策起到了关键性作用。政府政策具有不可预测性，由此导致私募股权投资机构的退出风险大增。因此，在中国这样特定的市场环境中，私募股权投资机构尤其需要对投资的基本形势有深入的研究，同时根据目标企业发展特点制定适宜的方案，实现对退出风险的有效管理。

（2）建立退出方式评估机制，实现最优选择。对退出时机的把握如何，直接关系到股权投资机构的最终收益。实践中，影响退出时机的因素很多，主要包括以下几个方面：第一，目标企业的增值情况。在股权投资正式退出之前，股权投资机构必须关注目标企业的价值增值情况，因为无论选择何种方式退出，只有当目标企业的价值增值足够大时，股权投资机构才有可能获得一个好的"卖出"价格。第二，预期持有成本和预期持有收益。股权投资机构在对目标企业投资时，为了降低代理成本，一般会采用分期投资的方式。股权投资机构应该在每一期投资之前对目标企业的价值以及增值潜力进行评估。一旦发现如果继续对目标企业投资，其预期持有成本大于预期的持有收益的话，就应该考虑选择适当的退出方式退出。第三，股票市场的行情。股权投资机构在选择风险资本退出时机时，应尽量选择股票行情较好的时候。第四，风险资本的退出期限。由于存在风险资本退出的时间限制，因此无论目标企业的价值增值情况如何，投入资本都必须在退出期限之前实现退出。因此，股权投资机构首先要设计好基于多个退出途径的方案，每个方案应建立风险与收益的评估体系，通过专家组统一决策确立最优的退出方式。

（3）评估行业风险与企业风险，实现退出风险最小化。目前，之所以出现大家所认为的"寒冬"现象，是与股权投资机构具有中国特色的投资模式紧密相连的。目前市场上的大部分投资机构都是针对某个特定项目来实现基金的募集，以寄希望于该项目 IPO 从而实现高回报。但这种模式的致命缺陷在于丧失了分散风险的功能，从而不能保证投资者有一个较为稳定的投资收益。因此，对于股权投资机构而言，首先应建立被投资企业所在行业的风险评估制度，预测行业利润的增长情况以及可能出现的波动；其次，针对被投资企业，建立运行风险评估体系，分析其业绩的成长性与隐藏的风险；最后，根据被投资企业的评估设计出多个退出方案，综合行业风险与企业风险敲定风险最小的退出方式。

三、系统性风险 VS 非系统性风险

与股票一样，股权投资基金同样面临系统性风险与非系统性风险。系统性风险是指由市场外部因素引起的，不能通过组合投资分散的风险。这是所有投资于证券市场的投资者都要承担的，由市场的共同性因素所影响的风险。非系统性风险是指由市场内部因素引起的，可以通过投资组合分散的风险。作为股权投资基金，必须对其面临的风险有充分的认识，在此基础上设计科学有效的风险控制策略。

（一）系统性风险

1. 政治风险

一国或地区的经济基础决定政治，但是其政治的急剧变化，也将不可避免的影响到该国或地区的经济政策的变化，从而构成市场的政治风险。这种政治

风险主要影响投资者在证券市场的投资收益预期，导致证券市场价格的急剧波动，进而影响到基金的收益。例如，9·11事件发生后，主要国际股市纷纷创出新低。9月11日，纽约股票交易所和商品交易所停止交易后，欧洲各主要股市普遍大幅下挫，伦敦金融时报指数创4年来的最大跌幅，达5.7%。12日，亚洲股市开盘即出现暴跌，香港恒升指数下跌近9%，东京日经指数跌破万点，创17年来的新低；韩国综合指数跌幅达12%。美国市场上，为了稳定投资者信心，联储实施一年内八次降息，因此，对于一个国家来说，其政治活动产生的风波必然对其经济活动产生负面影响，而对于股权投资基金只是其风险的一个重要来源。

2. 政策风险

在整个国家的经济运行中，根据发展的宏观经济目标，政府将运用各种宏观调控手段，包括货币政策、财政政策、税收政策等。这些政策的出台对国民经济及证券市场的发展产生非常深远的影响，从而影响股市的价格，影响股权投资基金的投资收益。当中央银行实行紧缩的货币政策时，将导致股市萎缩，入市资金减少，股市不振，股权投资基金的投资环境严峻，当中央银行实行积极的货币政策时，大量资金涌入股市，股市大热，从而股权投资基金的投资环境大好。可见国家政策对证券市场影响之大。2007年，针对股市过热，财政部决定从5月30日起，调整证券（股票）交易印花税税率，由现行1‰调整为3‰。即对买卖、继承、赠与所书立的A股、B股股权转让书据，由立据双方当事人分别按3‰的税率缴纳证券（股票）交易印花税。2008年4月24日起，又将印花税从现行的3‰调整回1‰，体现了国家运用税收工具调控宏观经济的职能。调高印花税率会增加交易成本，从而可以降低股市的活跃程度，起到控制股市的作用。

3. 利率风险

利率的波动对于证券市场价格和收益率的变动影响巨大，并且影响投资者的融资成本和利润。利率提高，则投资于证券市场的资金成本上升，资金减少，证券市场价格下跌；利率降低，则投资证券市场的资金成本降低，资金增加，证券市场价格上涨。2007年内央行六次上调存贷款基准利率，2007年12月20日宣布一年期存款基准利率上调0.27个百分点，一年期贷款基准利率上调0.18个百分点。12月21日股市开盘，沪、深两市小幅低开，沪综指开盘报5017.19点，下跌26.34点，深成指开盘报16542.93点，下跌82.48

点，沪市上涨 165 家，下跌 587 家，深市上涨 101 家，下跌 447 家。可见利率波动对于证券市场价格和收益率变动影响之大。

4. 购买力风险

购买力风险又可称为"通货膨胀风险"，是指一国经济发生通货膨胀时，现金购买力下降的风险。股权投资基金的购买力风险表现为，基金的收益主要通过现金的形式来分配，而现金在发生通货膨胀时会产生购买力下降的现象，从而使证券投资基金的实际收益下降。

（二）非系统性风险

1. 法律风险

股权投资基金的法律风险主要是指由于其未确立法律地位所带来的风险。股权投资基金的发展受到法律环境的制约，对于已经以各种方式大量存在的股权投资基金来说，它们仍然处在法律的边缘地带，它们的地位得不到承认，合法权益得不到法律的有效保护。

目前我国现有的法律法规都不能从根本上解决股权投资基金规范化的问题，因此利用法律法规对股权投资基金进行规范监督就更力不从心了。股权投资基金缺乏合法的外部监管，则很容易引发内部矛盾，增加营运成本。尽管股权投资基金用自己的方式解决了投资者与管理人之间的利益分配问题，但是，投资者之间的利益分配的合理性在制度上仍未得到解决。对于有些股权投资基金管理人来说，虽然采用了西方基金的做法，但股权投资基金做到一定规模后，管理人从自己利益考虑，会将天平倾向于大投资者，以此获利。因此，基金一旦做大又缺少外部监管，就很容易出现违规问题，带来风险。

在法律地位不确定、政府对股权投资基金缺乏足够有效监控的条件下，处于地下状态的股权投资基金市场竞争激烈，基金管理人投资风格激进，短期行为严重，不可避免地会出现内幕交易、操纵市场、欺诈客户等违规行为，降低市场效率，破坏金融市场秩序。因此，法律风险是股权投资非金其他风险产生的源头风险，控制股权投资基金风险必须从股权投资基金规范化开始。

2. 信用风险

与常见的公募基金相比，股权投资基金的投资策略具有隐蔽性。国际上一般都对股权投资基金的信息披露没有严格的限制，这就造成投资者与基金管理人之间的信息不对称，不利于对基金持有人利益的保护。

股权投资基金中，很多机制的运作是建立在行为人自我约束的基础上的，而行为人的自我约束除了外在约束机制，很大程度上是依靠道德、伦理、职业操守等规范来进行约束的。或者说，是依赖于社会的信用环境的。在股权投资基金中，投资者因信任将资金交给基金管理人操作，给予了基金管理人最大限度地自主权。在这种情况下，基金管理人的操作在一定程度上取决于社会道德、伦理的规范。目前我国的信用制度还不健全，这与特殊的人文环境密不可分。我国人文环境的一个特点是我国正处于经济体制的转轨时期，人们行为短期化，投机心理严重。转轨时期的特点是政策环境站不确定性、不稳定性，这对人们的预期结构产生了重大影响，在可以预见政策环境将时常发生不可预期的变化时，人们最优行为就是行为短期化。这反映在我国股权投资基金身上，就是股权投资基金的各投资主体行为短期化，投资对象行为短期化，市场竞争者行为短期化，证券市场投机行为盛行。我国人文环境的另一个特点是信用环境不成熟。由于信用制度的不健全，中国人目前的信任多是以血统和地域为基础，较为狭隘。这对股权投资基金的影响是，股权投资基金的投资者往往要求股权投资基金的管理人拥有股权投资基金较高的持股比例作为担保，或者是股权投资基金的组建完全是以血统、地域或朋友关系为纽带。

3. 操作风险

由于股权投资基金的信息披露制度不完善和受政府监管力度不够，因此，不可避免地存在内幕交易、操纵市场、损害股东权益等行为。不少股权投资基金公司缺乏监督，也没有一定的内控机制，其操作手法往往以"坐庄"为主，操纵股价。某些股权投资基金的投资具有高杠杆性，一般都运用财务杠杆进行操作。股权投资基金的投资目的是获取高额利润，因此，为了突破基金自身资金不足的限制，经常大规模运用财务杠杆，利用银行信用，以极高的杠杆借贷资金，扩大其资金规模。因此，如果股权投资基金操作不当会面临超额损失的巨大风险，危及银行业，可能引起整个资本市场的震荡，放大了市场风险。

当股权投资基金达到一定规模，有的基金管理人便开始利用手中的资金优势操纵股市，中科创业就是一个典型的案例。在中科创业案中，在"吕梁"的指使下，丁福根、庞博等人在申银万国证券股份有限公司上海陆家洪营业部、中兴信托投资有限责任公司北京亚运村营业部等125家营业部，先后开设股东账户1500余个。同时采取以不转移实际控制权为目的的自买自卖，及利用购买深圳康达尔公司法人股并进入这家上市公司董事会发布信息，从而影响0048股票交易价格等方法，联合或连续买卖0048股票，其间最高持有或控制

0048 股票共计 5600 余万股。使中科创业股票价格从 1999 年 4、5 月的 10 多元炒到 84 元。因此，在缺乏有效监管的情况下，一些股权投资基金暗箱操作、操纵市场的行为将会给证券市场带来极大的风险。

4. 资金风险

这里主要讲的是资金来源问题。由于我国股权投资基金不具有明确的合法地位，并且不能公开募集资金，这就导致股权投资基金因为没有正常的融资渠道，而成为各种灰色资金聚集的理想场所。目前我国股权投资基金的来源主要有：

（1）个人资本。由于个人投资者缺乏投资经验和时间等，特别是一些消息较为闭塞地区的个人投资者，便委托"工作室"或有良好记录的朋友代为理财。

（2）非上市企业的闲置资金。非上市企业由于一时找不到合适的投资项目，加上银行利率较低，自然就会进入股市，股权投资基金便是一个比较方便的渠道。

（3）上市公司。不少上市公司在资金宽裕的情况下，纷纷委托投资公司、证券公司、资产管理公司进行证券投资，获得不菲的收益。业内人士普遍认为，众多上市公司进入股票市场的资金已成为"地下股权投资基金"市场的重要构成部分。

我国《证券法》《公司法》《商业银行法》明确规定，上市公司从二级市场通过配股、增发等形式募集的资金和从银行等金融机构获得的贷款不得用于证券市场。然而，据统计，我国股权投资基金约有 40% 的资金来自于银行的贷款资金，大量银行信贷资金违规注入股市。同时，不少基金管理单位将公益性质的基金委托给股权投资基金，并将投资所得中饱私囊。此外，我国股权投资基金的来源还有一部分是官场上的黑钱及走私的外汇，股权投资基金极易成为洗钱的工具。洗钱从本质上讲，是将违法所得转化为形式上的合法财产的行为，社会危害性极大。

5. 流动性风险

对基金投资者而言，投资于股权投资基金时有可能发生资金难以"变现"脱手的流动性风险。由于股权投资基金一般都具有很长的期限，这期间资金不准撤出，以此来保证基金运作的持续性和稳定性，对基金经理的投资策略不造成影响。股权投资基金不能上市交易，故一旦发生现金危机，投入基金的钱不能马上变现，持有人只有等待持有期满才能变现，风险不能随时转移，投资者可能面临破产或者其他困境。

四、多管齐下扑灭风险火苗

股权投资基金的特点和运作方式使其具有很多风险，而这些风险对整个金融市场、金融体系乃至整个社会经济产生重大影响。因此，对股权投资基金的风险控制应当分为在内部风险控制方面多管齐下。

（一）加强投资者审核门槛

理论上，任何持有富余资金的人都可以投资股权投资基金，无论是企业、个人、甚或其他组织、团体，只要拥有可支配的资金都可以成为股权投资基金的投资人。但实践中，由于投资的期限性和风险性，客观上要求投资资金的稳定和投资人相应的风险承担能力，同时，基于运作需要，股权投资基金既要相应的资金规模又要一定的人数限制，因此，只有那些具有较强和较稳定的资金实力和风险承担能力且具备一定的投资经验和金融知识的人才能成为股权投资基金的"有资格的投资人"。

与公募基金不同，《证券投资基金法》并没对股权投资基金的投资者资格问题进行详细规定。为控制由投资者资格问题引发的风险，有关部门应比照公募基金，规定股权投资者资格管理办法。然而，在相关法规出台之前，股权投资公司自身应建立严格的投资者资格审核制度，具体实施应该参考公募基金的规定，但也要考虑股权投资基本特点。

（二）规范基金契约责任

由于法律对股权投资基金的监管比较宽松，股权投资基金也不需披露基金的投资组合和基金表现，股权投资基金的运行只受到投资者和股权投资基金发起人所签订的基金契约的制约，所以股权投资基金契约是相当重要的文件。基金管理人与投资人签订委托投资契约时，应事先保证一定时间供投资人充分审阅信托契约全部内容。禁止契约中约定固定收益率。无论股权投资基金采取何种组织形式，规范其章程和契约也是明确当事人之间的法律关系，减少投资者风险的重要手段。股权投资基金的章程和协议应明确当事人（包括发起人、管理人、托管人）的基本情况，基金设立与运作的原则，基金的投资策略、投资方式和投资方向，基金的形式与发售、申购、交易、赎回的时间和程序问题，当事人的权利与义务，基金的收益分配，管理、托管等费用的收取，有关费用的分摊，信息披露，基金净值的计算，基金的终止与清算，以及违规者的法律责任等。

(三) 创建基金管理人排行榜

股权投资基金投资者与管理人之间的信托关系实质决定了股权投资基金所有权与经营权的分离，进而存在"内部人控制"风险。所谓股权投资基金的"内部人控制"风险是指，作为委托人的基金持有人，其目标是追求基金资产投资收益的最大化，而作为代理人的基金管理人，其目标是追求个人的货币收入和非货币收入的最大化，两者的目标并不一致。以下是管理不善的基金频发事件。

为防范这一风险，作为一般合伙人的基金管理人的资质条件可适当放宽，但要对股东出资额进行限制，因为基金管理人持有的股份比例越高，内部人控制现象越严重，反而不利于有限合伙人。同时为了防止基金管理人利用投资者的资金谋取私利，还应当保持股权投资基金财产的独立性，即管理人的自身财产与股权投资基金信托财产相互独立 c

同时，为保障基金业绩，还需要对基金管理人员采取一定的激励制度：第一，建立特殊的报酬方式，制定收益分配指导性原则。股权投资基金通过特殊的报酬方式的设计以求得投资者与基金经理的激励相容。第二，建立基金经理的声誉机制。只有良好声誉的股权投资基金管理人，才有可能取得投资者的信任，才有可能以较低的成本获得投资者的资金。第三，鼓励多采用有限合伙制这种形式。股权投资基金较多地采用有限合伙制形式，由一名普通合伙人和至少一名有限合伙人组成合伙企业，能有效地防止基金经理的道德风险，同时又能较好地保证基金经理享有足够的发挥才华的空间。

第七章 网络银行监管研究

第一节 互联网银行

网路信息技术的提升，推动了互联网金融的进一步发展，一方面迫使传统银行开始积极探索新的网路营运模式，同时互联网企业也开始涉足银行业。由此，在利率市场化的不断推动下，基于传统银行建立的网上银行业务，与拥有互联网企业背景的"互联网银行〔On line－only Bank）"相继诞生。据波士顿咨询预计，按照 2017 年中国总人口达到 13.5 亿人计算，网民数量将达到 7.9 亿人，渗透率为 58％，网银用户将达到 5.8 亿人，渗透率为 43％。由此可见，传统银行的网上银行业务和互联网企业背景下的网路银行未来将面对一个巨大的市场，拥有良好的发展前景。本章笔者将侧重研究拥有互联网企业背景下的互联网银行。

一、境外互联网银行的发展

1. 美国互联网银行的发展模式

纵观美国互联网银行的发展，存在两种不同的理念，相应形成了两种发展模式。一种是以印第安纳州第一网路银行（First Internet Bank of Indiana，FIBI）为代表的全方位发展模式；另一种是以康普银行（Compu Bank）、ING direct USA、美国互联网银行（Bank of Internet USA，BOFI）为代表的特色化发展模式。

（1）全方位发展模式

该模式下的互联网银行提供传统银行所提供的一切金融服务，此外，还致力于开发新的电子金融服务，以满足客户的多样化需要，从而吸引更多个人客户和中小企业，以期完成对传统银行的完全替代。

（2）特色化发展模式

相比于全面发展模式，该模式下的互联网银行仅提供传统银行所能提供的部分服务，具有相对局限性。例如，因为缺乏分支机构，他们无法为小企业提供现金管理服务，也不能为客户提供安全保管箱等。

2. 美国互联网银行的兴衰

1995年10月，全球首家以互联网银行冠名的金融组织"安全第一网路银行"（SFNB）在美国成立，该银行是一家全能型银行，且没有设立任何物理网点，它标志着一种新的银行模式的诞生，从此互联网银行的数目和发展范围就像雨后春笋般飞速增长。但经过多年的发展，传统银行实施了"网上网下业务兼营"战略，生意依然不错，而不少互联网银行却面临着衰退的危险，出现了利润下滑、亏损、甚至被兼并重组。如SFNB在1998年就出现了停滞的迹象，并在同年被加拿大规模最大的皇家银行以2,000万美元收购。对美国互联网银行进行研究后发现，采用全方位发展模式的互联网银行已所剩无几，目前仅存的知名网上银行只有"第一网路银行"。而特色化发展模式的互联网银行在传统银行的夹缝中占据了一席之地，发展较好的有ING direct USA的直销银行、BOFI银行等。根据美国互联网银行的发展现状，笔者对两种发展模式的网路银行进行对比分析，结果如表所示：

美国互联网银行发展模式对比

美国互联网银行发展模式	全方位发展模式（以美国SFNB为例）	特色化发展模式（以ING Direct USA为例）
目标客户群（who）	所有人群	划分目标客户群，精准的客户定位
产品服务类型（what）	大量的差异化金融服务	细分领域简单、有限的金融服务
服务提供方式（how）	缺乏专业金融服务、技能	培训金融顾问、作为第三方提供存款保障

二、境内互联网银行的发展

1. 概述

2014年初，中央提出"发展普惠金融，鼓励金融创新，丰富金融市场层次和产品"的理念，提倡以小微、民营经济撬动改革大局，密集出台金融政策为民营银行"开局破冰"。同年 3 月，国务院批准 5 家民营银行试点方案。2015 年 5 月 27 日，浙江网商银行各项准备工作就绪，并获得浙江银监局正式批覆开业，标志着中国首批试点的 5 家民营银行全部拿到"通行证"。建立民营银行主要是为了打破中国商业银行业单元国有垄断，实现金融机构多元化，促进金融市场的公平竞争，促进国有金融企业的改革。而其中备受关注的则是由腾讯、阿里分别作为大股东的深圳前海微众银行和浙江网商银行（如表 4—2 所示与另外 3 家民营银行不同的是，微众银行和网商银行将是不设立网点的纯互联网银行。在互联网企业纷纷加入互联网金融之际，2015 年 11 月 18 日，百度与中信集团达成战略合作，将共同发起设立中国首家独立法人直销银行——百信银行。

微众银行和网商银行的对比

互联网银行	微众银行（Webank）	网商银行（MYbank）
目标客户	个人消费者和小微企业客户	草根消费者和小微企业
业务模式	个存小贷	小存小贷
经营业务	信用卡业务、小额消费信贷业务，以及嵌入腾讯客户线上行为的金融服务	主要为电子商务中的小微企业和个人消费者提供 20 万元以下的个人存款产品和 100 万元以下的贷款产品
大数据征信	主要为社交数据	主要为交易数据
平台背景	微信、财付通、QQ、腾讯征信公司	支付宝、阿里小贷、芝麻信用、淘宝及天猫
合作伙伴	华夏银行、东亚银行（中国	暂无

2. 互联网银行的经营模式

以浙江网商银行为例，说明互联网银行的经营模式。网商银行从股权结构看，完全属于由民间资本发起设立的民营银行，注册资本 40 亿元，持股 30 并拥有控制权的第一大股东为浙江蚂蚁小微金融服务集团有限公司，因此网商银行将纳入阿里巴巴的金融体系，充分获取阿里巴巴商业生态系统的电子商务平台、用户、数据和技术等资源，其经营模式将围绕线上运作、挖掘大数据、定位小微企业和个人用户进行布局。

（1）完全网路化营运

网商银行实行完全网路化营运，不设立实体分支机构，业务往来完全依托互联网渠道展开，业务处理主要通过银行计算机系统自动完成，并将大数据等现代信息技术用于业务创新。延续阿里巴巴组织结构扁平化的特点，减少不必要的组织层级，信息直达服务前台，使后台工作人员和服务系统通过互联网直接连接客户终端，服务更贴近客户。

相比传统实体银行，网商银行具有如下特征：①业务覆盖面广，服务可覆盖现有的主流互联网终端 PC 端、移动端，未来其至可借助物联网延伸至线下物理世界，没有物理网点营业时间、空间和地域的限制。②业务可塑性强，网路化业务流程和产品设计极为灵活，可大量嵌入新型现代信息技术，能依据客户需求弹性调整以提供针对性金融产品和服务。③流程高效便捷，通过互联网缩短与客户的距离，去除繁琐手续，业务处理自动化程度高、系统回应迅速。④营运成本低，不依赖大型固定资产和大量人工操作，降低固定资产购置、维护和人员薪酬支出，可转化为产品和服务的价格优惠，形成成本领先优势。

（2）注重大数据应用

网商银行对接阿里巴巴电子商务平台，充分挖掘平台内小微企业和个人用户累积的大数据资源。平台内用户因频繁的电子商务活动沉淀的海量大数据来源于平台交易记录、物流公司信息反馈等即时性的数据源，与"四流合一"的商品流、物流、资金流和信息流联动。对动态大数据深入挖掘能多维度揭示数据所关联的即时性的有效信息，精确反应用户各对应层面的特征，据以判断其现状及未来趋势，可降低信息的搜集成本，消除信息的不对称和不完全性，提高信息使用效率和资源配置效率。相比传统银行仅掌握静态的征信记录、孤立的现金流水账等有限信息而难以真正挖掘大数据，对大数据挖掘的应用成为网商银行的核心竞争力。

网商银行以大数据技术为依托，对阿里平台、物流企业等第三方机构的数据进行获取、集成、分析、解释，将大数据挖掘应用于三方面：①精准营销，准确识别客户收入、偏好、需求等特征，据以对客户细分，以恰当方式营销有针对性的产品和服务，实现金融资源供需有效匹配；②产品和服务创新，判断、预测客户需求和行业趋势，相应地创新产品和服务并合理定价；③贷款风险管理，用于贷前调查的信息采集、贷中审核的信用评级、贷后监督的即时监控，通过销售记录、客户评价、缴费清单等数据判断用户信用状况，通过订单物流信息、现金流水账等动态数据追踪其偿债能力和履约意愿，合理授信、量化风险、风险预警，提高风险控制能力，降低贷款业务的信用风险。

（3）深入开发长尾市场

依据长尾理论，深入挖掘需求曲线长尾部分的市场能获得不亚于需求曲线前部主流市场的效益，即向传统金融所忽视的数量庞大的小微企业和普通个人提供有针对性的金融服务能产生巨大的总体收益，颠覆"二八定律"，是普惠金融的有效实践。据阿里巴巴集团数据，B2B平台阿里中国站企业会员达800万家，B2C平台天猫店铺13万家，C2C平台淘宝商户900万家，阿里巴巴电子商务平台是潜力巨大的长尾市场，可提供基础性客户和数据资源。

网商银行定位为零售银行，目标客户为阿里平台的小微企业和个人消费者，向其提供20万元以下的存款产品和500万元以下的贷款服务，即小存小贷，避开传统商业银行垄断的批发银行业务，挖掘长尾市场。一方面通过大数据应用分析平台内小微企业和个人需求，吸纳潜在客户，延展需求长尾；另一方面依据小微企业和个人的差异化需求，提供针对性金融服务，增加用户黏性，将重点解决长尾市场的资金需求问题，提供小微企业信贷业务、消费者金融服务，如小微企业短期小额信用贷款、供应链金融和消费者信用支付、分期网购等服务。

3. 互联网银行尽管基于互联网金融对银行商业模式进行颠覆性的创新，突破性地采用完全网路化营运、大数据应用、深入开发长尾市场的经营模式，但要在现阶段的市场条件下顺利投入营运，并在实际营运中发挥其功能，还需要突破诸多业务层次的障碍：

（1）远程开户问题

互联网银行没有物理营业网点，客户无法像传统银行一样以面签的方式完成实名认证实现银行电子账户开设。若按照直销银行的远程开户方式，即客户自助填写注册信息并提供由传统银行签发的实体银行卡，通过信息核查后将实体银行卡与虚拟银行账户绑定，最后结合账户小额划款验证等交叉验证方式完成间接实名认证，实现虚拟账户的开设，互联网银行仅能从传统银行存量用户中吸纳客户，必然受其牵制。若委托合作银行，通过其物理柜台完成开户，该方式可靠却违背完全网路化营运追求服务高效、便捷的初衷，并且合作银行能率先识别客户进而抢夺客户资源。

（2）吸收公众存款问题

由于拥有互联网企业背景的互联网银行属于II类户（II类户可以通过电子方式办理资金划转、购买投资理财产品、办理限定金额的消费和缴费支付等，不能存取现金，不能向非绑定账户转账），导致其无法获得持续性、低成本资金来源，制约贷款规模，无法满足未来开发长尾市场的资金需求。且电子银行和互联网货币基金对其替代程度高，电子银行的业务体系较为全面，涵盖大部分银行业务，可在线销售各类存款和理财产品，且电子账户大多与实体银行账户绑定，因此在银行存量用户中覆盖面广，由于用户黏性的存在，互联网银行难以吸引电子银行用户的存款向其转移。而互联网货币基金的认购门槛低，采用了 T＋0 赎回机制，收益率高于同期活期存款利率，对利率敏感的客户更具吸引力。互联网银行在存款利率管制尚未完全放开的情况下，无法发挥存款的价格竞争机制，面临存款流失风险。

（3）存款准备金缴纳问题

《中华人民共和国商业银行法》第三十二条规定，商业银行应当按照中国人民银行的规定，向中国人民银行缴存存款准备金，留足备付金。互联网银行依据《中华人民共和国商业银行法》的规定需要缴纳存款准备金，但因其为"纯网路无实体"模式，无网点和金库，其存款需存放在其他商业银行里，缴纳存款准备金依然要依靠其他合作银行去完成。其存款准备金的缴纳标准、缴纳方式、各家合作银行是否收费、如何避免重复缴纳存款准备金等问题都亟待解决。

（4）如何保障系统安全

互联网银行的计算机应用系统由应用服务器、数据库服务器、网站服务器和客户端组成。由于业务完全基于网路渠道，业务处理大多依靠系统自动完成，交易记录、客户信息等数据电子化储存，相比传统银行更倚重系统安全，但与各类外部系统对接，网站服务器作为公共站点，使整个系统对互联网敞开，面临比传统银行更严重的系统安全风险。系统安全风险来自计算机系统故障、黑客入侵系统、计算机病毒破坏三个方面，遇风险可能导致系统无法运转、客户资金被盗、存储数据丢失等问题，造成经济损失并影响声誉。另外，"双十一"等购物活动中密集的网购交易产生大量支付结算业务亦将给银行系统运作造成巨大压力。

三、发展趋势

1. 对策建议

（1）拓展多层次开户体系，降低开户门槛

①借鉴现有开户方式。第一，开设客户自助开户程序。由客户自助填写注册信息，上传身分证扫描件或其他有效证件，通过与全国公民身分信息系统联网比对、手机短信确认等交叉验证方式实现远程开户。第二，利用互联网金融的现有用户和数据资源。例如，阿里巴巴旗下的支付宝实名用户达 3 亿，记录着用户各类真实信息，可有效验证客户身分的真实性。依托大数据技术重点挖掘该类用户，开户时将有效信息映射至网商银行开户系统，可减免填写信息、客户自证等开户手续，将阿里巴巴的用户流量转为网商银行的现实客户。

②借助物联网远程开户。物联网将互联网延伸至物理世界，运用物联网感知层技术验证开户人身分信息可替代传统的实地面签。例如以人脸识别技术获取人脸生物特征，再比对全国公民身分信息系统中的身分信息能准确识别个人身分，并结合其他交叉验证方式，保证用户良好的使用体验。2015 年 1 月 4 日前海微众银行首笔贷款业务即在人脸识别技术帮助下完成，同年 3 月马云在德国汉诺威消费电子展中展示使用基于人脸识别技术的 Smile to Pay 支付认证技术完成网购支付，充分说明了该技术运用的可行性。

（2）创新存款业务，吸引存款流入

第一，服务价格优惠。将降低的营运成本以减免转账手续费、账户管理费的方式回馈客户，降低客户交易成本。第二，提供增值服务。如网商银行可依据存款额度等指标增加贷款授信额度，或联合阿里平台向用户发放购物红包，增加用户效用和用户黏性。第三，推广移动支付。开发手机应用程序，支持二维码支付（二维码反扫）、指纹支付等移动支付方式用于线下实体商店消费。第四，创新存款产品。开发特色存款增值产品，兼顾高收益和流动性，同时满足闲散资金理财和便捷消费需求。

（3）自建 P2P 网贷平台，弥补存贷款业务缺口

互联网银行在目前难以通过吸收公众存款以支撑贷款业务的情形下，笔者认为可主动摆脱对存贷利差盈利模式的依赖，自建直接融资渠道 P2P 网贷平台，获取中介费用作为新的利润增长点，充分利用自身数据、客户资源和技术的累积，实现多元化经营的范围经济。互联网银行的 P2P 网贷平台应由其子公司或内部机构经营管理，面向不满足于传统存款理财、追逐更高收益、能承担相应风险的投资者和长尾市场中存在融资需求的小微企业，由各方自行发布交易信息并自主成交，互联网银行仅作为交易撮合平台，基于大数据进行资质审核、风险控制和提供相应信息服务、不提供担保赔付，不承担借贷业务的风

险。

（4）建立完善的存款保险制度

2014 年 11 月 30 日，中国人民银行发布《存款保险条例（征求意见稿）》。以美国的网路银行为例，其全部加入联邦保险存款制度。随着微众银行等民营银行进入银行业市场，竞争将更加激烈。存款保险制度的建立有利于保护存款人利益和金融稳定。对于互联网银行而言，存款保险也有助于获得客户信任，促进其稳定、持续、健康发展。

（5）以云计算构建银行系统，增强系统安全

云计算以虚拟化技术为核心，依托计算服务、储存服务、宽带资源的大型服务器集群，通过网路向用户提供灵活的软、硬件资源和计算服务。将云计算运用于互联网银行系统的构建可以增强系统弹性，灵活增减 17 源，避免系统安全风险，从而降低设施购置、维护的成本。互联网银行部署云计算的可行方式是将云计算外包给云计算供应商，以获取专业化的云服务，避免自建云计算系统的高额成本，例如网商银行的金融云系统即由阿里巴巴的云计算服务商阿里云提供技术支持。

2. 未来发展

（1）发挥成本优势，共享收益互联网银行不设立物理性网点的特点，能够节省传统银行所需的大规模员工的工资和客户信息搜寻成本。同时小微客户小额、短期、高频的理财和融资需求特点与互联网银行的金融电子化相适应，能够解决传统银行处理此类业务交易和信息成本过高的问题。在未来发展中，这些低成本优势又可以支持互联网银行将节省的费用一部分转化为高额利润与股东共享，一部分转化为较高存款利息低收费、部分服务免费等与客户共享，有利于进一步扩大客户市场。

（2）累积信用信息数据，加速资源配置效率

基于互联网提供金融服务的互联网银行，能够在任何时间、任何地点以任何方式来为客户提供方便、快捷、高效和可靠的全方位即时金融服务，满足了用户的个性化需求且节约了用户的交易时间，减少中间环节，提高了金融服务的质量和效率，并能够累积信用信息数据。信息的更加透明使得资金拥有者能够迅速做出决策，资金需求者也能够快速地获得所需资金，同时也节省了资金需求双方进行借贷的时间和精力，加速了资源的配置效率。

（3）客户黏性不断增强，扩大客户市场

随着中国互联网的不断普及和电子商务的快速发展，网路平台累积了庞大的数据资料，随着这些平台的发展和新平台的搭建，客户规模将不断扩大，客户黏性会不断加强。据了解，腾讯拥有 8 亿活跃的 QQ 用户及 4 亿活跃的微信用户，阿里拥有 3 亿支付宝实名认证用户以及上亿淘宝用户，还拥有阿里小贷、芝麻信用等平台，两者都累积了大量的客户信息，包括社交、游戏、交易等数据，可凭藉数据分析，对客户进行授信及客户细分等活动。在阿里得到银行牌照之前，其业务其实已经渗透到了银行传统的"存、贷、汇"业务。获得银行牌照后，则意味着阿里的"存""贷"业务将彻底打通，这些都为其累积了丰富的经验和庞大的客户基础，有利于互联网银行的发展。

互联网银行的发展具有双面性，既有其投资少、维持费用低、跨越时空局限性、业务功能强大性、信息传递瞬时性等优势的一面，又有其安全性较低、进入壁垒较低、风险的扩散性等劣势的一面。在经济全球化的时代，各国之间的经济联系越来越紧密，中国金融业的改革是全球瞩目的大事。随着经济全球化和信息时代的到来，传统的银行发展模式已经发生了不可逆转的变化。从传统银行到互联网银行，银行从实体化向虚拟化发展，这实际上是一个不断"扬弃"的过程。互联网金融的发展将不断推动金融业改革创新，以不断适应时代的发展需要。可以说互联网银行是未来银行业必不可少的组成部分和发展的必然趋势。

第二节　个人征信

随着消费信贷需求的快速增长，以互联网为代表的信息技术的高速发展以及数据采集技术的进步等，中国个人征信发展恰逢其时。2015 年 1 月 5 日，中国人民银行印发《关于做好个人征信业务准备工作的通知》，要求包括阿里巴巴集团旗下的芝麻信用以及腾讯公司旗下的腾讯征信在内的 8 家机构做好个人征信业务的准备工作，标志着中国个人征信业务市场化的闸门正式开启。芝麻信用和腾讯征信被选定为首批个人征信业务试点机构，意味着以阿里巴巴、腾讯为代表的互联网公司将通过用户的互联网行为数据建立起个人征信体系，并成为中国个人征信市场的重要组成部分。

一、境外个人征信的发展

美国个人征信在百年整合发展过程中经历了快速发展期、法律完善期、并购整合期以及成熟拓展期四大发展阶段，已经形成了较为完整的征信体系。美国的信用体系主要由三部分组成：一是比较完善、有效的信用管理体系，二是市场化运作的信用服务行业，三是涉及经济与社会各个层面的庞大信用产品用户。在美国，个人信用体系已经超出商业活动的范畴，成为一种保障经济运行的重要社会制度。从某种程度上讲，信用实质上已经成为一种商品，美国的个人征信机构都是从营利目的出发，向社会提供有偿服务，完全实行市场化运作。作为最具代表性的运作模式，美国个人征信在金融危机背景下爆发出强劲的发展活力，其市场化运作模式、数据标准化机制以及监管机制对中国发展个人征信具有很强的借鉴意义。

1. 美国个人征信市场化运作的特点

（1）征信业行业集中度高，寡头垄断特征明显

美国个人征信行业诞生于19世纪初期，伴随着信息技术的发展，信息共享程度提高，消费信贷持续增长，个人征信市场得到长足发展，并建立了市场化运作模式。20世纪60年代末，美国征信公司达2,200家，区域性特征明显。在信息技术驱动、银行卡联盟发展、全国性银行出现等外力推动下，个人征信市场经历并购潮，小规模、区域性征信公司被淘汰，形成当前以益百利（Experian）艾可飞（Equifax）、环联（TranaUnion）三家行业巨头，其余250余家与他们有紧密合作关系的整体格局。在全面、完善的征信法律体系指导下，美国征信市场综合监管日趋规范，个人征信市场已进入成熟期，基于反垄断法，征信行业三巨头格局长期稳定。

（2）市场化模式下鼓励自由竞争，政府侧重监管

市场化的征信模式能够最大限度发挥市场主体的能动性，有利于征信机构根据市场个性化需求实现征信服务对象多元化、创新产品多样性，同时刺激消费信贷增加，提高经济运行效率。政府在该模式中侧重监管，通过立法规范征信信息采集、整理、存储及加工流通整个流程，利用完备的征信法律体系为征信市场发展保驾护航。

（3）征信公司进行商业运作，需求主体具有多元性

美国征信公司以营利为目的，业务流程分数据收集、数据处理、产品销售

三个环节。以美国最大征信公司益百利为例，公司将征信报告作为商品进行整体营销运作。其需求主体由消费信贷高速发展催生，并呈现多元化特征个人消费者、银行、抵押贷款公司等传统金融客户收入占比已不足 50%，而医疗保健机构、电信商、零售商等新兴客户群体对征信需求日趋增加，互联网金融迅速崛起使 P2P 行业征信需求猛增，并成为新的利润增长点。

2. 美国个人征信数据的标准化机制

（1）规范化数据采集，格式标准化

为规范市场中征信主体数据标准，促进信息共享机制，美国信用局协会（ACR）制定了专门用于个人征信机构的统一标准数据采集与报告格式 Metro2。为避免信息资源浪费，确保原始数据具有真实性与一致性，Metro2 设定了标准字段和字长，任何行业和单位必须使用统一、标准和开放的计算机数据输入标准格式提供信息。鉴于个人隐私保护，美国法律对数据采集过程中的数据范畴进行了明确规定，如个人政治倾向、种族信仰、收入情况、保险单信息、证券账户信息、储蓄账户信息、医疗记录、驾驶记录、犯罪记录等均禁止出现在数据报送中

（2）利用 FICO 信用评分法，统一数据处理量化标准

美国征信机构统一采用 FICO 信用评分法进行数据处理，该方法属于客观经济计量模型量化评分法，确保机构间信用报告的可比性。征信机构进行数据采集后，把有关某个消费者在各部门、各领域、各地方的分散数据甄别出来，利用 FICO 评分法进行权重设置，明确罗列具体条目，综合计算得分，得分区间通常在 300～850 分之间。通过大数据测算，FICO 分数与违约率形成关联，分数低于 600 分，贷款违约比率可达到 1∶8，分数在 700～800 分之间，违约比例为 1∶123，而大于 800 分，违约比例仅为 1∶1,292。FICO 评分法与计算机自动化处理相结合，大幅缩减了审批时间，提高了数据处理效率。

3. 美国个人征信的监管措施

（1）建立跨部门联合监管体系

一是政府分类监管。美国政府根据其监管范畴进行分类监管，形成整体跨部门的有序监管体系。其中，联邦储备体系、联邦存款保险公司、财政部货币监理局负责监管银行系统个人征信业务；联邦贸易委员会、国家信用联盟管理办公室、司法部共同监管非银行机构个人信用的数据提供、处理与使用。二是行业自律。美国个人征信行业自律协会较为完善，以消费者数据产业协会为代

表的自律协会极大地补充了个人征信监管功能，成为政府监管的有效辅助。

（2）征信提供方进行全流程监管

一是准入退出机制灵活。美国征信市场准入退出均遵循市场化运作机制，主要由个人征信行业协会提供准入培训和颁发行业从业执照，并利用行业章程约束征信机构行为。二是业务流程监管细致。美国征信法律体系十分健全，对征信数据采集、加工处理、市场营销全流程进行明确规定。例如信息公开方面，1967 年颁布的《格雷姆，里奇，比利雷法》规定一切信用交易条款均需向消费者公开，使其充分了解内容和效果，并可与其他信用条款比较；在费用控制方面，1974 年《统一商业准则》对征信信息提供方向消费者收取的费用或者利息率进行封顶管理。

（3）对数据使用者进行法律约束

在数据使用条件方面，美国个人征信法律体系重视对当事人知情权的保护，实现保护个人隐私和满足信用交易对数据储存和使用需要之间的平衡。《公平信用报告法》要求使用方在获得信用中介机构提供的个人征信报告时，必须确定报告当事人知晓该情况。未经授权的个人信用报告，信用中介服务机构无权向任何机构或个人提供。此外，即使获得授权，中介机构也不能向法律未明确允许的机构或个人提供个人信用信息。在信用报告使用目的方面，《公平信用报告法》以列举形式规定法律允许的信用报告使用范围，出于规定目的外的情况均不能予以提供和使用信用报告，否则即使当事人同意也属违法行为。

二、境内个人征信的发展

回顾中国境内征信业发展历史：1999 年上海资信成立，开始试点个人征信业务。而中国个人征信业的发展始于 2003 年，国务院赋予中国人民银行"管理信贷征信业，推动建立社会信用体系"职责，批准设立征信管理局。此后，在人民银行的推动下，以商业银行为主要信用信息报送来源的全国个人信用信息基础数据库开始搭建，并于 2006 年正式运行，开展商业银行和个人信用信息查询业务。2013 年，《征信业管理条例》《征信机构管理办法》相继实施，明确中国人民银行为征信业监督管理部门，征信业步入了有法可依的轨道。

境内个人征信业务发展进程

时间	主要进程
1999 年	人民银行批准上海开展个人征信试点，上海资信成立
2003 年 9 月	国务院明确赋予人民银行"管理信贷征信业"职责，人民银行设立征信管理局
2003 年 10 月	党的十六届三中全会提出"加快建设企业和个人信用服务体系
2004 年	人民银行建成全国个人信用信息基础数据库
2005 年	人民银行出台配套制度，规范基础数据库的运行和使用
2006 年 1 月	全国个人信用信息数据库正式运行
2013 年 3 月	《征信业管理条例》正式实施
2013 年 11 月	党的十八届三中全会提出"要建立健全社会征信体系，褒扬诚信，惩戒失信"
2013 年 12 月	《征信机构管理办法》正式实施
2015 年 1 月	人民银行要求八家个人征信机构做好准备工作
2015 年 6 月	"信用中国"网站正式上线，全社会统一的信用信息共享平台将逐步搭建
2015 年 7 月	八家征信机构完成央行要求开展个人征信业务的准备工作，牌照发放在即

总体而言，中国境内当前个人征信业务主要由央行主导。全国个人信息基础数据库是目前覆盖面最大、使用最广泛的征信数据库。据央行统计，截至 20 "年 10 月底，这一数据库分别为 1，963 多万户企业和其他组织建立了信用档案，同时收录了 8.5 亿自然人信用信息，两个数据信息量都居世界各征信机构之首。但是，目前央行征信范围只是覆盖了与银行有业务往来的主流客户，只有不足 4 亿人拥有信用报告。因此中国央行主导的征信数据仍存在局限性：一方面，商业银行的贷款结构正在发生变化，依赖抵押技术控制信用风险的工商业贷款占比将逐步下降，而运用征信技术控制信用风险的个人信用贷款占比将不断提高，消费金融快速崛起；另一方面，以 P2P 网贷和互联网银行为代表的互联网金融新业态的出现带来了新的征信应用场景。

高质量的个人征信服务需要由市场化机构提供，只有加快个人信息市场化建设，使信息网路迅速覆盖全体公民，推动诚信市场化建设，提高全民诚信意识和信用意识，才能够推动中国市场经济有序发展。

1. 概述

所谓个人征信，是指依法设立的个人信用征信机构对个人信用信息进行采集和加工，并根据用户要求提供个人信用信息查询和评估服务的活动。传统的个人征信主要是指当个人在银行办理过信用卡、贷款、为他人贷款担保等业务，其信贷交易历史信息就会被记入个人征信系统，从而形成个人的信用报告。在个人申请信用卡或是贷款消费时，商业银行便会查看申请人的信用报告，了解申请人的信用记录。互联网个人征信于2013年开始兴起，通过采集个人在互联网交易或使用互联网各类服务中留下的信息数据，并结合线下渠道采集的信息数据，利用大数据、云计算等技术进行信用评估。其中，数据类型的多样化、评价体系的完备化、数据处理的高效化等，都是互联网金融为征信领域带来的全新机遇。随着中国人民银行下发《关于做好个人征信业务准备工作的通知》要求八家机构做好个人征信业务的准备工作，中国开始由传统个人征信向互联网个人征信过渡。

与传统个人征信相比，互联网个人征信的获取渠道源自互联网，这一根本性区别进而演化成各方面的差异。传统征信数据来源于借贷领域，因此，在银行有过借贷行为、办理过信用卡的用户在央行征信系统里才有所记录；另外，传统征信的评价思路是以以往的记录来评定个人信用，因此，对于过往没有信用记录或信用记录不良的用户，就无法判断他的信用状况。而互联网个人征信在人群覆盖、数据信息、信用评分技术、应用场景等各方面为传统个人征信作了正面延伸和有益补充：①覆盖人群广，可覆盖到大量在传统征信体系中信用记录空白的用户；②信息采集成本较低，它主要依靠互联网大数据、云计算等技术搜集信息主体在线上的一些行为数据，不需要另行专门的录入；③数据多维度，传统个人征信只采集信贷、财务数据，而互联网个人征信还包括网路购物、支付、网路理财、社交等多维度信息；④信用评分模式不同，传统个人征信主要基于信用记录进行评估，而互联网个人征信的评分模型则要把电子商务、社交行为等信息转化为信用信息，模型更加复杂；⑤应用场景更加广泛，不仅局限于预测信用交易风险和偿还能力，而且可应用于酒店、婚恋、签证等多领域的生活场景。

传统个人征信与互联网个人征信的对比分析

	传统个人征信	互联网个人征信
覆盖人群	在银行有过借贷行为、办理过信用卡的用户	覆盖人群广泛
信息采集成本	较低	较高
数据采集	来源单一 只要是银行信用数据采集频率低	来源多维度： 1. 用户属性数据（年龄、职业、受教育程度、兴趣爱好等） 2. 用户行为数据（网路购物、网路支付、社交等） 3. 第三方数据（信贷、财务数据等） 4. 高频、及时采集
信用评分技术	传统统计方法 线性回归、聚类、因子分析、分类树等	传统统计方法结合大数据方法 Deep Learning/Page Rank/Neural Network/RF……
数据使用	应用场景有限 注意用于预测信用交易风险和偿还能力	应用场景广泛 贷款额度、定价、反欺诈、租赁、酒店预订、婚恋、签证等

2. 互联网个人征信平台分类

随着互联网个人征信平台的出现，中国个人征信机构可以划分为基于电商平台、社交平台、金融平台、支付端、公共服务平台的五大类征信机构。①电商平台中最具代表意义的是阿里旗下 2015 年 1 月 28 日正式开始试运行的芝麻信用，以及错失首批征信业务试点的京东白条。②社交平台的典型产品是腾讯旗下的腾讯信用，他是腾讯旗下的全资子公司。③基于金融和保险平台的征信机构是征信行业的先行者，其营运模式相比于其他机构更为传统，如中国平安集团旗下的前海征信。④基于支付端的征信机构则是拉卡拉旗下的考拉征信，其在数据的流入和流出这两端比其他平台更有优势，但是在数据信息处理方面则需要与其他公司合作。其他类似的支付端征信机构中具有代表性的还有华道征信。⑤基于公共服务平台的征信机构虽然也是民营的个人征信，但这一类机构通常与国有企业相联系，如中诚信征信、鹏元征信和中智诚征信。

互联网个人征信平台对比

	电商平台	社交平台	金融保险	支付端	公共服务
信息来源	电商数据、公共服务、与银行间存在一定壁垒	社交数据、电商数据、公众平台数据、游戏数据、外部数据	母公司及银联的金融数据	个人用户、线下商户	电商平台数据、与各行业中国企业合作所得数据
数据类型	基本信息、借贷信息、消费信息、公共信息	身分属性、充值信息、消费记录、社交影响、信用记录	借款信息、贷款信息、车险违章等	基本信息、金融信息、电商消费、生活缴费及互联网行为数据	身分属性、信用记录、履约能力、行为特质、社交影响
信息处理	类似于银行的违约概率模型，以线性回归和逻辑回归为主	机器学习与数据挖掘技术	银行及保险业信用算法，较传统而通用	较多地考虑互联网上的行为数据，具体算法未知	借鉴企业、债券及公共项目评级方法
服务输出	平台内部使用、租房、租车、婚恋等	银行、消费金融公司、汽车金融公司、小贷公司、P2P等	金融机构，同时面向个人	个人用户、加盟的中小企业、自有信贷业务	针对企业，集中于电子商务、移动通信、银行保险、能源使用商等
收益渠道	暂不收费，未来数据查询收费或与查询量和数据贡献度挂勾	向申请使用数据的机构收费	往往不以营利为目的	向申请使用数据的机构收费	通过提供信用报告和个人信用信息认证收费

3. 互联网个人征信的三种模式会员制征信模式

2013 年 3 月通过借鉴国外成功经验和国内发展实践，北京安融惠众征信有限公司创建了以会员制同业征信模式为基础的"小额信贷行业信用信息共享服务平台"（MSP），采用封闭式的会员制共享模式，主要为 P2P 网贷公司、小额贷款公司、担保公司等各类小额信贷机构提供同业间的借款信用信息共享服务，旨在帮助业内机构防范借款人多重负债，降低坏账损失，建立行业失信惩戒机制。

据资料显示，该平台目前已有遍布全国逾 50 家会员机构，大都是以 P2P 模式从事小额借贷业务的民间金融服务机构，会员市场规模已经占据国内 P2P 机构交易额的 1/3 以上。目前该平台主要包括三方面的信息：一是行业内从业人员的不良信息；二是行业的"黑名单"信息，即借款违约在一个月以上的个人借贷信息及已经认定的借款人诈骗等信息（目前这部分信息已达到 3 万余条）；三是涉及一笔借贷生命周期全过程的信用信息，包括申请信息、批准信息、逾期信息等，这是一个闭环式信息流，也是该平台共享服务的核心内容。

MSP 平台计划下一步将以会员机构的需求为驱动，不断整合行业外信用信息资源，为会员机构提供更加精准、多样化的征信服务。

（2）传统征信模式

2013 年 8 月，中国人民银行征信中心旗下的上海资信有限公司（下称"上海资信"）宣布全国首个基于为互联网提供服务的征信系统网路金融征信系统（NFCS）正式上线，该系统优化服务于国家金融信用信息数据库尚未涉及的网路金融领域，为网路金融机构业务活动提供信用信息支持。

NFCS 是网路金融开展业务的必要基础设施，是央行征信系统的有效补充。该系统收集并整理了 P2P 平台借贷两端客户的个人基本信息、贷款申请信息、贷款开立信息、贷款还款信息和特殊交易信息，通过有效的信息共享，帮助相关机构全面了解授信对象，防范借款人恶意诈骗、过度负债等信用风险。NFCS 的最终目标是打通线上线下、新型金融与传统金融的信息壁垒，实现网贷企业之间的信息共享，记录个人线上线下融资的完整债务历史，探索网贷业务与传统信贷业务的不同之处，为网贷企业定制与传统征信服务不同的服务产品，从而保障出借人的资金安全。

（3）数据挖掘模式

在数据挖掘模式下，互联网企业基于电商、社交、公共服务等平台行为数据，依托互联网供应链，运用云计算、数据挖掘等技术手段对海量数据进行处理分析，从而完成对互联网用户的信用评估。该模式下的个人信用评估具有即时更新、应用场景广泛的突出特点。

举例：芝麻信用

2014 年阿里巴巴旗下的芝麻征信正式推出中国首个基于用户互联网行为

数据的征信产品——"芝麻信用"。该信用服务体系以 FICO 评分体系为基础，从信用历史、身份特质、履约能力、行为偏好、人脉关系等方面综合评分，分数分为五个级别：较差（350～550）、中等（550～600）、良好（600～650）、优秀（650～700）、极好（700～950）。芝麻信用于 2015 年 1 月 28 日在支付宝内测试上线后反响强烈，基于阿里巴巴在网路购物和网路支付领域强势的产品线，芝麻信用面临丰富的应用场景。

芝麻信用的动态评估体系主要由数据搜集、技术处理、应用场景三部分构成，具有以下特点：①传统评估指标和互联网评估指标相结合，芝麻征信是利用互联网数据对传统征信进行的拓展即革新；②动态指标和静态指标相结合，芝麻信用不仅包括基本信息类指标、支付和资金类指标等静态评估指标，还包含了消费偏好、人脉关系、黑名单信息指标等动态指标，动态指标的加入意味着信用评估需要通过用户最新消费及经济水平等信息的评估得到的即时结果；③信用使用与信用评估相结合，芝麻信用保持即时更新，从而更准确及时地反应用户的信用水平。

可以预见，未来将会有更多的阿里产品和合作伙伴通过使用芝麻信用作为对用户某种资质的审核参考，而各种应用场景下的用户行为数据又会返回芝麻信用，进一步对用户的信用进行更准确的评估，从而形成一个动态评估过程。

三、发展趋势

1. 发展建议

（1）建立个人网路行为数据的统一身分识别，实现数据融通

第一，互联网征信机构之间存在数据搜集过程的"信息孤岛"问题。由于用户互联网行为数据分散在不同的互联网应用中，这些应用分属于不同的互联网企业，有效数据的缺乏会导致对用户信用评估的不准确。因此，应建立统一的身分识别，从而实现网路行为数据与应用之间的融通。

第二，传统征信机构与互联网征信机构之间数据分割，信息不能共享。央行征信系统拥有借记卡记录、社保记录、贷款记录等核心数据，个人信用报告的设立有效地提高了银行的放贷效率。而互联网征信机构如芝麻信用、腾讯征信掌握着大量的个人行为数据。两方的数据来源呈互补性特征，若能流动共享将使信息发挥更大的价值。

（2）完善数据采集及使用范围，明确数据所有权，保护用户隐私

在进行互联网征信时，往往需要多维度的用户行为数据，这一定会在某种程度上侵犯用户隐私，尤其是进行评估时往往需要使用用户财务、社交关系等方面的信息，这些信息一旦被企业用作非法用途，对用户将会造成巨大损失。因此，在互联网征信发展的同时，国家应有相应的政策法规对行业发展设立标准并进行规范，确保用户隐私不受侵犯。

（3）提升业务能力，加强征信产品创新，促进征信业差异化竞争

目前，个人用户在互联网行为中产生的非结构化数据（如图片、视频、音频等内容）在用户行为数据中的占比不断增加，有效数据累积不足，如何将海量的行为和关系性数据通过特定算法模型转化为信用评估数据，设计出接受程度较高的信用评估框架以及开发出专业化细分的应用场景是互联网征信机构亟须解决的核心问题。因此，互联网个人征信机构可以通过与传统金融机构合作，累积金融风险控制方面的经验。此外，各类大数据征信机构可针对不同客户，拓展征信产品种类，从而满足不同层次客户的市场需求，实现差异化竞争。

2. 个人征信提速影响互联网金融未来的发展互联网金融作为一种新兴的金融形态，迫切需要信用服务网路化，个人征信作为互联网金融的重要基础设施，有望为互联网金融的发展提供新的动力，推动互联网金融快车进一步提速。

（1）促进网路支付信用化

基于个人的购买行为、社交行为、财务状况等大数据，个人征信机构可提供个人信用支付评级和报告。根据个人信用数据及信用报告，电商或者支付机构可以评估用户的信用风险，推广信用支付、虚拟信用卡业务，进一步发掘其消费支付能力。例如蚂蚁金服根据支付宝用户的芝麻信用评分，向其推出名为"花呗"的信用支付产品，最高额度为 3 万元。

（2）利于 P2P 网贷规范化

个人征信机构会对行为信息等数据进行采集、加工和挖掘，并将这些数据提供给 P2P 网贷，P2P 网贷公司根据这些数据进行深度评估，最终可决定是否发放一笔贷款。这不仅可有效防止 P2P 无序发展，控制借款人还款难的风险，还可对信用空白的用户进行授信。同时，规范用户还款行为的方法较传统银行更加丰富，互联网个人征信通过账号关联等方式，其信用信息可共享给其他非信贷场景，例如打车、订餐、招聘等，从而信贷违约会直接给生活的其他方面带来负面影响，大大提升了用户的违约成本。

（3）提升个人信用服务

征信产业链可以分为输入端的征信数据采集和输出端的征信服务。无论是企业征信还是个人征信都只是从输入端进行分类，输出端主要还是为信贷机构服务。而在互联网个人征信时代，互联网金融机构也可以面向个人提供信用服务。例如谷歌旗下的 Gredit Karma，就是免费为用户提供个人信用评级和报告，以此吸引用户群体，同时基于对这些信用报告及用户个人金融信息的挖掘和分析，有针对性地向用户推荐金融产品，例如自助导购服务等。其盈利主要来自于消费性金融机构的广告收益以及信贷产品的创新。

第三节 消费金融

随着经济转型对刺激消费、扩大内需日益迫切的需求以及居民收入和消费能力的提升，中国消费金融市场快速发展。2014 年中国消费信贷规模达到 15.38 万亿元，占总贷款余额的 18.8%。剔除房屋和汽车等消费贷款，个人消费品贷款 2.23 万亿元，占消费信贷的 14.5%。虽然其中超过 70%。贷款由银行提供，2/3 通过银行信用卡产品实现，但互联网消费金融市场仍呈现了快速发展的势头。京东白条、天猫分期、借呗等产品将学生、低收入群体等原本无法从传统金融机构获得消费信贷的群体纳入到消费金融市场中。2014 年互联网消费金融市场交易规模为 96.9 亿元，环比增长 112.5%。预计到 2017 年，互联网消费金融市场交易规模将突破 1,000 亿元。

一、境外消费金融的发展

国际消费金融的产生和发展是以美国为代表的发达国家消费者信贷呈爆炸式增长为前提的。20 世纪 70 年代中期，美国传统银行业务发生了变化。在此之前，传统的银行家们主要致力于服务和维系大公司客户，零售银行虽然存在，但贷款业务仅限于提供住房贷款、汽车贷款以及一些有限的循环贷款，而且销售渠道主要是通过在总部或分行柜台上进行的。但在 70 年代中后期，美国的金融业务版图发生了变化，首先以个人信用卡业务为代表的消费金融和消费信贷蓬勃发展，消费者显示出激增的借贷意愿，或更准确地说是更大的需求热情来寻求消费类贷款。从广义上来说，消费类贷款包括房贷、车贷、私人高档消费贷款（如移动房车、小型游船等）、家居贷款、电器贷款、服务型消费贷款（如旅游、度假、结婚和养生计划）等。面对巨大的市场需求，金融机构开始积极地和创造性地开发推出不同的消费信贷产品，来满足消费者日益增长的金融需求。

举例：通用电气金融服务公司

通用电气金融服务公司是联合大企业（Gonglomerate）旗下的消费金融服务公司，其业务可以分为针对消费者的零售金融和针对企业的商务金融两种。此处主要介绍通用电气金融服务公司的零售金融板块。20 世纪 30 年代，经济开始复甦，消费者希望能够有更多和更灵活的付款方式来购买通用公司的既时髦又有用的电器，通用公司敏感地嗅到了这个商机，开始提供消费信贷和分期付款给消费者。之后，随着通用总公司业务的扩张，通用电气金融服务公司开始涉足家具、装修、汽车和零部件及售后服务、健康服务等全新领域，通过自有品牌信用卡和各种灵活的贷款计划，再加上通用电气金融服务公司自身的品牌效应，以及与其他生产厂商和服务商的广泛合作，通用电气金融服务公司成功地把自己打造成一个全能型、一站式的消费者金融服务平台，同时在财务上也为通用总公司提供了重要的利润贡献。

二、境内消费金融的发展

1. 发展背景

消费金融在中国的发展已有 8 年时间。2004 年 PPF 集团在中国设立办事处，2007 年正式开始在广东地区试点消费金融。但直到 2009 年，随着《消费金融试点管理办法》的出台，分别在北京、上海、天津、成都设立了四家消费金融公司，中国的消费金融开始进入群众视野。而 2013 年 12 月银监会将消费金融公司扩大到 16 家，消费金融才被大家所熟知。2015 年 6 月 10 日，李克强总理在国务院常务会议中决定将消费金融公司扩大到全国，鼓励符合条件的民间资本、国内外银行业机构和互联网企业发起设立消费金融公司，此后互联网企业开始纷纷加入，消费金融呈现井喷式增长。

消费金融的产生和发展壮大，是与它创造了"多赢"的局面分不开的。其一，对于消费品生产厂家（包括服务消费）和销售方来说，消费金融可以帮助他们扩大客户基础，实现更多的额外销售。其二，对于消费金融贷款提供方来说，增加了其贷款产品的销售渠道，带来了新增利润。其三，对于消费者来说，可以在能负担得起的情况下，立刻实现对商品和服务的需要。其四，对于消费者来说，消费金融除了办理手续方便、迅速以外，贷款利率较之其他贷款途径，也往往更加经济划算。其五，由于消费金融的出现，使得社会整体消费可以迅速地呈几何层级式增长，这对促进经济和发展就业，无疑也将产生巨大的推动作用。

因此，在中国经济发展进入"稳增长"的新形势下，随着国民消费能力的持续提升以及互联网使用习惯的全面养成，互联网消费金融作为一种全新的消费金融工具对于释放国民消费潜力、完善金融市场结构、提升经济发展质量均发挥着重要作用。

2. 概述

消费金融是指为满足个人或家庭对最终商品和服务的消费需求而提供的金融服务。互联网消费金融是"互联网＋消费金融"的新型金融服务方式。在中国，互联网消费金融有着特定的经营服务范围。《关于促进互联网金融健康发展的指导意见》（以下简称《指导意见》）将互联网金融业态分为互联网支付、网路借贷、股权众筹融资、互联网基金销售、互联网保险、互联网信托和互联网消费金融七大类。其中，互联网支付、网路借贷和互联网消费金融属于广义消费金融范畴。但是从《指导意见》的表述来看，中国对互联网消费金融采取了相对严格的界运。一是互联网消费金融不包括互联网支付内容，两者分别属于银监会和人民银行监管。二是互联网消费金融不包括网路借贷，特别是P2P网路借贷。三是互联网消费金融业务的缩小化。

因此，本书中互联网消费金融是指银行、消费金融公司或互联网企业等市场主体出资成立的非存款性借贷公司，以互联网技术和信息通信技术为工具，以满足个人或家庭对除房屋和汽车之外的其他商品和服务消费需求为目的，向其出借资金并分期偿还的信用活动。通常这一类贷款形式具有金额小、期限短、无须进行贷款等特点，自推出以来便受到了消费者的广泛欢迎。

无论是传统金融主体如商业银行、消费金融公司等参与主体，还是以京东、阿里等为代表的电商企业，这些主体通过不同的方式和途径都在推动互联网消费金融产业的快速发展，形成了完整的互联网消费金融产业链。在这条产业链上，主要包括四类参与者：

（1）消费者，消费金融的核心，利用金融机构提供的资金进行消费，在约定时间进行偿还；

（2）金融机构，包括商业银行、消费金融公司、电商企业等，根据消费者的信用状况、消费能力等提供资金给消费者；

（3）消费公司，电商平台等；

（4）行业监督，银监会、消费品领域委员会、行业协会等。

具体而言，互联网消费金融呈现出如下特点：①范围上，互联网消费金融将服务对象扩展至健康、旅游、日常消费等价值低、期限短的商品；②资金渠道上，互联网消费金融的资金渠道则以线上为主，这样资金渠道更加广泛；③授信方式上，互联网消费金融的审批除了借鉴传统的审批方式外，还可以借助现代化的信息技术得到客户的历史交易金额、交易频率等，来考察客户的信用状况从而决定是否放贷。

3. 营运模式

互联网消费金融与传统消费金融最大的不同体现在资金的筹集方式上，即互联网消费金融在资金筹集上是依托线上的筹集方式，如通过商业银行的线上业务、消费金融公司、电子商务平台等其他的创新企业进行消费信贷业务。

笔者认为，目前中国互联网消费金融有以下三种营运模式：

（1）银行搭建线上消费金融平台

传统商业银行依托自身的客户资源和金融服务优势，通过创新线上消费服务模式，搭建起旅游频道、购房中心、汽车城等子消费平台，并在其中嵌入线上消费信贷服务，为客户提供线上消费体验。

（2）互联网消费金融公司

互联网消费金融公司的营运模式以不吸收公众存款，以小额、分散为原则，通过自有资金为中国境内居民个人消费提供个人耐用消费品贷款及一般用途个人消费贷款。2015 年 1 月 7 日，以重庆百货为主，与其他五家公司共同发起设立了国内首家互联网消费金融公司马上消费金融股份有限公司。与传统消费金融公司最大的不同是，该公司搭建了互联网平台，从基础设施、平台、渠道、场景等四个方面扩展互联网平台业务，从而实现"无边界、全渠道"的经营服务。

（3）基于电子商务交易平台的互联网消费金融

该模式下，电商企业通过交易平台分析消费者的交易数据及其他外部数据，提供给消费者数额不等的信用额度，消费者可以在信用额度内在该电商平台进行消费，由电商平台成立的消费信贷公司或第三方进行资金垫付，消费者在约定的还款期限内还款，电商平台收取一定比例的服务费。这种模式使得电商平台、资金提供方和消费者三方构成了一个良性的生态循环系统。因此基于电子商务交易平台的互联网消费金融是本书讲述的重点部分。

在这种模式中，电商交易平台是其中的核心参与方，因为它是最直接面对消费者的，并且在商品渠道、支付渠道上掌握了消费者的信息流、商品流、资金流的信息，这样多方信息能够形成快速对称，降低风险发生的概率。这些信息的掌握成为电商企业参与消费金融市场的核心能力。同时，利用这些信息可以了解消费者的消费习惯、消费需要等，提高自身的销售额，从而成功地将消费需求与资金联系起来。

目前依靠电商企业来进行消费金融运作在国外已经有比较成功的例子。如日本乐天、美国运通等，都成功地从原来单一业务发展为金融集团，但在国内该模式的消费金融仍处于初步发展阶段。从 2014 年开始，各大电商已经开始纷纷涉足消费金融，其中最知名的莫过于京东白条、蚂蚁花呗、苏宁任性付。而蚂蚁花呗更是已走出阿里系，接入了唯品会、亚马逊、大众点评等 40 多家电商平台。

主流电商平台和传统银行的消费金融业务的比较分析

	主流电商平台			传统银行
典型代表	京东白条	蚂蚁花呗	苏宁任性付	银行信用卡分期
消费场景	京东商城自营产品、部分第三方商户的实物商品和 170 手机号购买	淘宝、天猫商城（部分商户、商品不支持）、唯品会、亚马逊等 40 余家电商平台	苏宁易购、苏宁云商、部分合作商，除虚拟商品外	国美在线商城（支持银行：招行、民生、北京、中信、广发、建行、兴业、农行）
手续费（月）	0.5%～1%	2.5%～8.8%	0.498%	0.9%～8.4%（最低建行，最高广发）
分期付款特点	（1）最长 30 天延后付款期：30 天免息（2）3～24 个月分期付款：0.5%～1%	每月 10 日固定日期还款：最长免息期长达 41 天，最短免息期 11 天	30 天免息、指定商品"3 零分期"（0 首付、0 利息、0 手续费）、最长分期 5 年（特殊商品）	按 3、6、12 期支付（建行支持 18、24 期）通过网路使用信用卡使完成分期付款

逾期费率（日）	0.03％	0.05％	0.05％	一般为 0.05％＋滞纳金
最高信用额度及特点	1.5 万大多数用户不超过 1 万元，普通用户 6,000 元	从几千元到 3 万元不等。钻石级买家：8,000 元；三星级买家：1,000 元	V1 用户：3,000 元；V2 用户：5,000 元；V3 用户：8,000 元；最高可达 20 万元	参照相应发卡行信用卡授信额度（最高一般为 50,000 元）

三、发展趋势

1. 建议

（1）拓宽融资来源，降低融资成本

国内外的消费金融有一个共同的特点，就是不吸纳存款。缺少稳定和庞大的存款这一资金来源，不仅限制了消费金融业的发展，同时给融资成本带来了不确定性。中国的消费金融除了依靠出资者提供的启动资金和利用银行同业拆借等融资手段外，应广开思路，广泛开拓融资渠道和产品；政府和金融监管部门也应为其提供更好的筹融资环境，大力推广资产证券化等创新金融产品。

（2）加强消费金融的风险控制

在消费金融的风险控制和持续发展方面，中国应重点从以下方面者手：

①加快推动信用体系建设，支持民营个人信用机构的发展，充分利用大数据的技术手段，累积有效的个人信用评价机制，与央行征信体系形成有效互补。同时，逐渐使各类非银行消费金融机构、新兴金融组织与整个信用体系建设融合起来，并能够有效利用各类信用数据库，同时提供更多的消费信用信息累积。

②对于非银行的消费金融提供主体来说，应该争取建立独立的风险评估部门和完善的风险控制措施，同时有效管理消费金融业务，与其他主业进行协调定位，避免出现财务风险和流动性风险。

③充分运用各种风险分散手段，如保险和担保支持。保险业可以通过提供征信服务、小额信贷保险等来进行消费信用风险控制，为消费金融的发展提供

专业化的风险防范机制。例如，现有的汽车消费信贷保证保险、助学贷款信用保证保险、小额信贷保证保险都对促进消费发挥着重要作用。

④有效监督消费信贷用途，建立奖惩机制，使得贷款人真正利用消费金融工具来进行日常消费，而不是把资金用作他途。

（3）提高消费金融公司的通盘营运管理水平

消费金融公司的管理，在某种程度上比经营银行更复杂。消费金融公司由于更集中于某一行业领域，其专业性和风险管理要求就会更高。因此，应切实做好全面、细致的规划，着重要考虑一些关键问题：如引入谁作为战略投资者？战略投资者是否能带来自己所不具备的金融管理经验，特别是风险管理的经验？是否自己的消费金融公司要独揽全部业务？部分业务如自有品牌信用卡是否外包给专业性更强的信用卡公司？等等。

（4）明确定位，走特色化发展道路

在客户定位上，消费金融公司应明确定位于中低消费人群，通过拓展业务合作和销售渠道，锁定潜在客户，加强营销力度。在产品设计上，通过对消费市场和居民需求进行细分和研究，根据市场需求的特点探索与之相适应的业务和产品结构，按照客户家庭分层设计更多个性化的信贷产品，不断丰富产品功能，为客户提供全面化、专业化、标准化、自动化、便捷的高效融资服务。

2. 未来发展

当前，各种各样的电商、厂商、互联网金融企业都参与到消费金融产品创新中。应该说，这些新产品是基于商业信用开展的消费金融创新，有助于推动内生于实体部门的消费金融模式发展。实际上，在许多国家，最早的消费金融服务提供者往往都是实体企业。可以借鉴的是，中国同样可以鼓励和促进包括商业企业、流通企业、互联网企业、网路借贷企业、第三方支付企业在内的不同主体，充分介入到消费金融业务创新中，并为此创造更多的制度保障：一方面，可以借鉴国外经验推动政策突破，逐渐转换为非金融机构发行的信用卡；另一方面，则以基于商业信用的赊销预付形式，更加密切地与网路消费购物结合，也将成为消费金融体系的重要组成部分。

伴随网路时代带来的金融综合化、智能化等特点，各类消费金融提供主体都应加快推动业务方式的转变：①对于商业银行而言，重点是充分利用自身优势，为个人提供更具有服务深度和广度的"消费金融服务超市"，充分满足个人的多样化金融和非金融的消费需求。②对于消费金融公司来说，其错位发展的重点，可集中于现有消费金融的"短板"，如非抵押的信用消费、农村消费金融等领域，加快自身的专业化、区域化、特色化分工。③把消费金融业务发展与互联网金融结合起来，积极结合移动支付等新技术平台，拓宽网路与渠道的创新。④充分借鉴余额宝类产品的特点，努力把居民消费服务与理财结合起来，更好地实现金融服务功能的深化。

第四节　基于互联网的银行业务对商业银行的影响

一、对负债业务的影响

商业银行的负债业务是指商业银行通过负债筹集资金，以形成资金来源的业务，是商业银行资产业务和中间业务的基础。互联网金融对商业银行负债业务的影响主要体现在存款的流失和负债成本的提高。

1. 商业银行的存款面临流失的威胁

类似"余额宝"的互联网投资理财产品为客户的活期存款在保证流动性的基础上，提供了一条几乎没有风险的资金增值渠道。在收益方面，尽管受到央行宽松货币政策的影响，互联网理财产品的收益有所下降，但"余额宝"类互联网投资理财产品的收益仍高出银行活期存款数倍。在使用方面，类似"余额宝"的互联网投资理财产品十分方便灵活，可以 7x24 小时随取随用，2 小时内快速提现到银行卡，并且没有任何手续费，丝毫不影响流动性。自推出以来，余额宝一直保持着旺盛的申购和赎回。从受众来看，互联网理财产品的用户集中在青年群体，并且以小额投资居多，但青年群体具有较高的风险承受能力和对互联网理财的高认可度，且随着时间的推移，青年群体的财富将不断累积，也将持续分流银行的存款。

2. 商业银行的负债成本有上升的压力

由于互联网投资理财产品的很大部分投资于银行定期存单、协议存款、同业存款等，因此从商业银行流出的储蓄存款又以其他存款的形式回流到商业银行，使银行的负债结构发生改变。而银行为协议存款支付的利率高于储蓄存款的利率，随着互联网投资理财产品规模的不断增长，对商业银行负债成本的提高效应将越来越明显。

此外，第三方支付平台的发展使商业银行的负债成本有所提高。由于第三方支付平台还没有实现即时到账，具有延迟支付的特点，凡是经过第三方支付结算的资金都会有一部分沉淀，随着第三方支付逐步扩展到线下支付和大额支付领域，资金沉淀规模将只增不减，这些沉淀在第三方支付体系的巨额资金，需要银行为其支付大量利息，间接提高了银行的利息支出。

二、对资产业务的影响

商业银行资产业务是指商业银行对通过负债业务吸收的资金加以运用以获得收益的业务。资金运用得是否合理、高效、科学，在很大程度上决定了商业银行经营的好坏。互联网金融对商业银行资产业务的影响主要体现在小微贷款和信用卡领域。

1. 互联网信贷的发展对商业银行的小微贷款造成冲击

网路借贷通过挖掘互联网大数据，创新征信手段，大大降低了服务的信息成本和交易成本。中小微企业贷款和个人信贷业务是利率市场化背景下银行业降低成本消耗、提高资本回报率的重要发展方向。然而小微信贷市场，已有互联网金融企业捷足先登。一是电商小贷融资模式的发展，如蚂蚁微贷为淘宝和天猫上的商户批量提供小额信贷服务。二是以"人人贷"为代表的 P2P 网贷模式发展迅速。互联网融资平台直接为资金供求双方进行信息撮合，使借贷双方绕开了商业银行从而进行直接借贷，造成金融脱媒；借贷资金的价格是由双方谈判、博弈而确定的，基本上实现借贷利率市场化；资金使用期限与资金提供期限大体一致，在一定程度上解决了传统商业银行资金期限错配所产生的流动性问题。目前，互联网贷款平台针对的主要是小微企业和个人，因此，对定位于发展小微企业信贷业务、个人信贷业务的中小银行产生了较大的竞争压力。互联网贷款平台分流了中小银行的部分小微企业客户和个人客户，中小银行的贷款业务受到影响，利差空间收窄。将来，如果互联网贷款平台的信息搜集和处理能力进一步升级强大，把客户向大中型企业延伸，则大型银行的贷款业务也会受到影响。

2. 互联网消费金融的大力发展直接威胁到银行信用卡业务

首先，互联网消费金融的推出对商业银行信用卡业务有一定的替代效应。互联网企业利用所掌握的数据优势，开始为个人消费者提供网路消费信贷产品。如蚂蚁微贷联手天猫推出了可在天猫赊购的分期服务，其中分 3 期是免手

续费的；京东商城的"京东白条"业务，有长达 30 天的免息期，付款可分 3
～12 期不等，每期利率为 0.05%，若出现逾期，按日息 0.03%。计收违约
金，无论是分期利率还是罚息都比一般的信用卡业务优惠。

其次，互联网消费金融的发展对商业银行信用卡业务的收入有一定影响。
不同银行的信用卡业务收入来源大同小异，主要有收单商户回佣、刷卡手续
费、逾期利息等。随着电子商务的蓬勃发展以及第三方支付企业积极布局线下
支付，原本属于发卡行的线下刷卡消费的佣金收入由于第三方支付机构的线上
绕转和线下套扣而大幅减少；尽管信用卡也可用于网上支付，但是商业银行几
乎没有商户回佣的定价权，因为商业银行仅掌握有限的商户数量，且不能直接
从收单商户获取回佣，是第三方支付机构控制了利润分成的比例，商业银行的
信用卡业务收入受到很大的影响。

三、对中间业务的影响

商业银行中间业务是指商业银行不需动用或占用很少自有资金，仅依托自
身网点、员工、技术和信用等优势，作为中间人为客户办理收付款等事项，并
收取手续费的业务。互联网金融对商业银行中间业务的影响主要有：

1. 商业银行的结算业务受到挤压

支付结算业务传统上是由商业银行垄断的，银行通过遍布世界各地的网
点、通过电话、电报、网路相互联系，或使用各种结算工具为客户办理。商业
银行通过办理支付结算业务，不仅可以占用从中产生的大量沉淀资金，而且也
会取得结算业务手续费作为中间业务收入。但在互联网时代，第三方支付凭藉
全天候服务、极低的费用以及简单易学的操作流程等，被消费者普遍接受，削
弱了银行作为主要支付结算渠道的地位，造成渠道脱媒。

2. 商业银行的代理业务有所减少

一些第三方支付平台获得了代销基金、代销保险等业务的资格，打破了以
往只能由银行代理销售投资理财产品的垄断局面。现阶段中国已有 7 家第三方
支付平台公司获得了代理销售基金业务执照。由于第三方支付平台手续费率较
低，申购费率通常为银行渠道的 30%～40%，因此在与商业银行的竞争中很
有优势。第三方支付平台代理业务的开展，分流了商业银行的代理业务，许多
商业银行的代理收入出现下滑。

目前，依托第三方支付平台，一些互联网企业开展了话费充值、外汇兑

换、水电气缴费等中间业务，除此之外，诸如像微信、支付宝这样的第三方支付企业还将业务范围扩展到现实生活中的场景，如在超市、便利店等，通过建立各种结账收款系统加入线下市场争夺，这给银行带来了新的挑战。

参考文献

[1] 黄震，邓建鹏．互联网金融法律与风险控制［M］．北京：机械工业出版
社，2014.

[2] 梁循，杨健，陈华．互联网金融信息系统的设计与实现［M］．北京：北
京大学出版社，2006.

[3] 唐士奇．现代商业银行经营管理原理与实务［M］．北京：中国人民大学
出版社，2015.

[4] 上官永清，任碧云．金融脱媒［M］．北京：中国财政经济出版社，2012.

[5] 张晓光．一般均衡的理论与实用模型［M］．北京：中国人民大学出版社，
2009.

[6] 李耀东，李钧．互联网金融框架与实践［M］．北京：电子工业出版社，
2014.

[7] 芮晓武，刘烈宏．中国互联网金融发展报告［M］．北京：社会科学文献
出版社，2014.

[8] 杨东，黄超达，刘思宇．赢在众筹：实战，技巧，风险［M］．北京：中
国经济出版社，2015.

[9] 中国人民银行金融稳定分析小组．中国金融稳定报告（2014）［M］．北
京：中国金融出版社，2014.

[10] 杨东，文诚公．互联网＋金融＝众筹金融［M］．北京：人民出版社，
2015.

[11] 姚文平．互联网金融——即将到来的新金融时代［M］．北京：中信出版
社，2014.

[12] 罗明雄，唐颖，刘勇．互联网金融［M］．北京：中国财政经济出版，
2014.

[13] 乔海曙．互联网颠覆金融［M］．北京：经济管理出版社，2014.

［14］陈平，张淑平，褚华．信息技术导论［M］．北京：清华大学出版社，2011.

［15］季冬生．信息技术与金融发展［M］．北京：中国金融出版社，2004.

［16］王世辉，石睿．现代信息技术应用［M］．北京：北京师范大学出版社，2011.

［17］中国人民银行金融研究所．新金融时代——权威解读互联网金融［M］．北京：中信出版社，2015.

［18］郭凯峰，马永双．经济法［M］．北京：中国社会出版社，2007.

［19］史际春，邓峰．经济法总论［M］．北京：法律出版社1998.

［20］罗荣，黄南平．经济法教程［M］．广州；华南理工大学出版社，2005.

［21］李吕麟．经济法学［M］．北京：中国政法大学出版社，1998.

［22］孔祥俊．反垄断法原理［M］．北京：中国法制出版社，2001.

［23］马梅，朱晓明，周金黄．支付革命：互联网时代的移动支付［M］．北京：中信出版社，2014.